Jn-Carlo Pierre

L'itinéraire de la connaissance et de la communion avec Dieu

Jn-Carlo Pierre

L'itinéraire de la connaissance et de la communion avec Dieu

Le Christ, l'Eglise et l'homme

Éditions Croix du Salut

Imprint
Any brand names and product names mentioned in this book are subject to trademark, brand or patent protection and are trademarks or registered trademarks of their respective holders. The use of brand names, product names, common names, trade names, product descriptions etc. even without a particular marking in this work is in no way to be construed to mean that such names may be regarded as unrestricted in respect of trademark and brand protection legislation and could thus be used by anyone.

Cover image: www.ingimage.com

Publisher:
Éditions Croix du Salut
is a trademark of
Dodo Books Indian Ocean Ltd. and OmniScriptum S.R.L publishing group

120 High Road, East Finchley, London, N2 9ED, United Kingdom
Str. Armeneasca 28/1, office 1, Chisinau MD-2012, Republic of Moldova, Europe
Managing Directors: Ieva Konstantinova, Victoria Ursu
info@omniscriptum.com

Printed at: see last page
ISBN: 978-3-330-70709-2

Indice Général

LE CHRIST

I.1- Jésus, l'Unique Chemin qui conduit à la connaissance du Père.

I.2- La recherche de Dieu

I.3- Les moyens de la Révélation de Dieu

I.3.1- Abraham

I.3.2- Moïse

I.3.3- Les prophètes

I.3.3.1- Les Petits prophètes

I.3.3.2- La prophétie de Jean Baptiste

I.4- La plénitude de la Révélation en Jésus Christ

I.4.1- Le mystère de l'Incarnation dans l'optique de la Révélation

I.4.2- La dernière étape de la Révélation en Jésus

I.4.3- Les révélations privées

I.5- La réponse de l'homme à la Révélation divine

Conclusion

AA	*Apostolicam Actuositatem*, Décret du Concile Vatican II sur « l'apostolat des laïcs », 18 novembre 1965.
AA. VV.	*Auctores Varii*. C'est une abréviation tirée du latin qui veut dire « divers auteurs ». C'est une manière de ne lister tous les auteurs d'une œuvre collective dans une citation. Quand il y a un auteur principal, on utilise généralement « et coll. », c'est-à-dire « et collaborateurs ».
AAS	*Acta Apostolicae Sedis*, Documents Officiels du Saint Siège.
AG	*Ad Gentes*, Décret du Concile Vatican II sur « l'activité missionnaire de l'Église », 7 décembre 1965.
AMI	*Associazione Mariologica Interdisciplinare Italiana*.
CD	*Christus Dominus*, Décret du Concile Vatican II sur « la charge pastorale des Évêques dans l'Église », 28 octobre 1965.
CDF	Congrégation pour la Doctrine de la Foi.
CEC	*Catéchisme de l'Église Catholique*, Vatican, 11 octobre 1992.
CEI	*Conferenza Episcopale Italiana*.
CELAM	Conférence Episcopale Latino-Américaine.
ChL	*Christifideles Laici*, Exhortation apostolique de Jean-Paul II sur « les membres laïcs des fidèles du Christ », 30 décembre 1988.
CIC	*Codex Iuris Canonici* / Code de droit canonique, 1983.
CV II	Concile Vatican II.
DH	*Dignitatis Humanae*, Déclaration du Concile Vatican II sur la « Liberté religieuse », 7 Décembre 1965.
DV	*Dei Verbum*, Constitution dogmatique du Concile Vatican II sur « la Révélation Divine », 18 novembre 1965.
DocCath.	La Documentation Catholique, La *Documentation Catholique* est une revue bimensuelle francophone créée en 1919, éditée par le groupe Bayard presse. Il a pour vocation de faire connaître « la pensée et les écrits de l'Église, les principaux textes officiels en France et dans le monde : message du Pape, du Saint-Siège, des évêques du monde entier, documents œcuméniques », qui sont publiés dans leur intégralité dans leur traduction française.
EG	*Evangelii Gaudium*, Exhortation apostolique du pape François sur « l'Annonce de l'Evangile dans le monde actuel », 24 novembre 2013.

EN	*Evangelii Nuntiandi*, exhortation apostolique du pape Paul VI sur « l'Evangélisation dans le monde moderne », 8 décembre 1975.
EV	*Enchiridion Vaticanum*, documents officiels du Saint Siège.
EDB	*Edizioni Dehoniane Bologna.*
GS	*Gaudium et Spes*, Constitution pastorale du Concile Vatican II sur « l'Église dans le monde de ce temps », 7 décembre 1965.
HV	*Humanae Vitae*, Lettre encyclique du Pape Paul VI sur « Le mariage et la régulation des naissances », 25 Juillet 1968.
IHS	*Iesus, Hominum Salvator* / Jésus, Sauveur des hommes.
LEV	*Libreria Editrice Vaticana* / Librairie Éditrice Vaticane.
LG	*Lumen Gentium*, Constitution Dogmatique du Concile Vatican II sur « l'Église dans le monde », 21 Novembre 1964.
Mgr	Monseigneur.
MR	Missel Romain.
NA	*Nostra Aetate*, Déclaration du Concile Vatican II sur « Les relations de l'Église avec les religions non chrétiennes », 28 Octobre 1965.
No/nn.	Numéro / numéros.
OP	*Optatam Totius*, décret du Concile Vatican II sur « la formation des prêtres », 28 octobre 1965.
P./pp.	Page / pages.
PAMI	*Pontificia Academia Mariana Internationalis.*
PC	*Perfectae Caritatis*, Décret du Concile Vatican II sur « la rénovation et l'adaptation de la vie religieuse », 28 octobre 1965.
PO	*Prebyterorum Ordinis*, Décret du Concile Vatican II sur « le ministère et la vie des prêtres », 7 décembre 1965.
RM	*Redemptoris Mater*, Lettre encyclique du Pape Jean Paul II sur « la Bienheureuse Vierge Marie dans la vie de l'Église en marche », 25 Mars 1987.
SC	*Sacrosanctum Concilium*, Constitution dogmatique du Concile Vatican II sur « la sainte liturgie », 4 Décembre 1963.
URL	*Universal Resource Location.*
Vol.	Volume.

Matthieu

20, 28	69
25, 34	25
10, 22	24
1, 18-25	44
1, 23	45
13, 47-50	70
20, 1-16	72
11, 27	22
16, 15	53
11, 27	55
28, 19-20	56
28, 19-20	58
16, 15-17	60
16, 13-18	60
28, 19	29
6, 21	76
5, 48	96
16, 13-23	81
19, 21	94
5, 14-16	59
18, 15-17	62
22, 37.39	93
22, 39	93
22, 39	93
25, 40	92
28, 19-20	80
19, 17	94
19, 21	92

Marc

4, 35-41	70
12, 31	92

Luc

16, 26	25
1, 31-35	44
1, 35	65
1, 73	36
10, 16	61
10, 22	24
10, 17-24	73
1, 26-38	41
4, 17-19	91
22, 19	100
22, 32	81
10, 1-16	53
22, 31-32	62

Jean

1, 1	45
14, 9	21
14, 19	21
10, 30	21
10, 33	21
1, 18	46
14, 6	83
3, 13	24
3, 16	60
1, 29	42
1, 27	42
19, 30	49
15, 5	29
17, 3	32

BIBLIOGRAPHIE

SOURCES

1. BIBLE

La Bible de Jérusalem, le Cerf, Paris 1998.

2. Le Magistère
2.1.   Les documents du Concile Vatican II

Sacrosanctum Concilium, Constitution sur « la Sainte Liturgie », du 4 décembre 1963, dans *AAS* 56 (1964), pp. 97-134.

Inter Mirifica, Décret sur « les moyens de communication sociale », du 4 décembre 1963, dans *AAS* 56 (1964), pp. 145-153.

Lumen Gentium, Constitution dogmatique sur « l'Église dans le monde de ce temps » du 21 novembre 1964, dans *AAS* 57 (1965), pp. 5-67.

Orientalium Ecclesiarum, Décret sur « les églises orientales catholiques », du 21 novembre 1964, dans *AAS* 57 (1965), pp. 76-85.

Unitatis Redintegratio, Décret sur « l'œcuménisme », du 21 novembre 1964, dans *AAS* 57 (1965), pp. 90-107.

Christus Dominus, Décret sur « la charge pastorale des Évêques », du 28 octobre 1965, dans *AAS* 58 (1966), pp. 673-696.

Gravissimum Educationis, Déclaration sur « l'Éducation Chrétienne », du 28 octobre 1965, dans *AAS* 58 (1966), pp. 728-739.

Nostra Aetate, Déclaration sur « les relations de l'Église avec les religions non-chrétiennes », du 28 octobre 1965, dans *AAS* 58 (1966), pp. 740-744.

Apostolicam Actuositatem, Décret sur « l'Apostolat des laïcs », du 18 novembre 1965, dans *AAS* 58 (1966), pp. 837-864.

Dei Verbum, Constitution dogmatique sur « la Révélation divine » du 18 novembre 1965, dans *AAS* 58 (1966), pp. 817-830.

Ad Gentes, Décret sur « les activités missionnaires de l'Église », du 4 décembre 1965, dans *AAS* 58 (1966), pp. 947-990.

Dignitatis Humanae, Déclaration sur « la liberté religieuse », du 7 décembre 1965, dans *AAS* 58 (1966), pp. 929-941.

Gaudium et Spes, Constitution pastorale sur « l'Église dans le monde contemporain » du 7 décembre 1965, dans *AAS* 58 (1966), pp. 1025-1115.

2.2. Les documents des papes

Pie XII, *Mystici Corporis Christi*, Lettre encyclique sur « le Corps mystique de Jésus-Christ et sur notre union en lui avec le Christ », du 29 juin 1943, dans *AAS* 35 (1943), pp. 200-437.

Pie XII, *Mediator Dei et hominum*, Lettre encyclique sur « la liturgie et le culte eucharistique », du 20 novembre 1947, dans *AAS* 36 (1947), pp. 521-600.

Paul VI, *Marialis Cultus*, Exhortation apostolique sur « le culte de la Vierge Marie » du 02 février 1974, dans *AAS* 66 (1974), pp. 113-168.

Paul VI, *Evangelii Nuntiandi*, Exhortation apostolique sur « l'annonce de l'Évangile dans le monde moderne », du 8 décembre 1975, dans *AAS* 68 (1976), pp. 5-76.

Jean Paul II, *Redemptor Hominis*, Lettre encyclique sur « le Christ, Rédempteur de l'homme », du 4 mars 1979, dans *AAS* 71 (1979), pp. 257-324.

Jean Paul II, *Dominum et Vivificantem*, Lettre encyclique sur « l'Esprit dans la vie de l'Église et du monde », du 18 mai 1986, dans *AAS* 78 (1986), pp. 809-900.

Jean-Paul II, *Redemptoris Mater*, Lettre encyclique sur « la Bienheureuse Vierge Marie dans la vie de l'Église en marche », du 25 mars 1987, dans *AAS* 79 (1987), pp. 361-433.

Jean Paul II, *Christifideles Laici*, Exhortation apostolique post-synodale sur « la vocation et la mission des laïcs dans l'Église et dans le monde », du 30 décembre 1988, dans *AAS* 81 (1989), pp. 393-521.

JEAN PAUL II, *Redemptoris Missio*, Lettre encyclique sur « la valeur permanente du précepte missionnaire », du 7 décembre 1990, dans *AAS* 83 (1991), pp. 249-340.

JEAN PAUL II, *Pastores dabo vobis*, Exhortation apostolique post-synodale sur « la formation des prêtres dans les circonstances particulières », du 25 mars 1992, dans *AAS* 84 (1992), pp. 657-804.

JEAN PAUL II, *Fides et Ratio*, Lettre Encyclique aux Évêques de l'Église Catholique sur « les rapports entre la foi et la raison », du 14 septembre 1998, dans *AAS* 91 (1999), pp. 5-88.

JEAN-PAUL II, *Rosarium Virginis Mariae*, Lettre apostolique sur « le Rosaire de la Vierge Marie », du 16 octobre 2002, dans *AAS* 95 (2003), pp. 5-36.

BENOIT XVI, *Verbum Domini*, Exhortation apostolique post-synodale sur « la Parole de Dieu dans la vie et dans la mission de l'Église », du 1er décembre 2010, dans *AAS* 102 (2010), pp. 681-787.

BENOIT XVI, *Porta fidei*, Lettre apostolique en forme de Motu proprio par laquelle est promulguée l'année de la foi, du 11 octobre 2012, dans *AAS* 103 (2011), pp. 723-734.

BENOIT XVI, *Audience générale du mercredi 9 janvier 2013*, Place Saint Pierre, Cité du Vatican.

BENOIT XVI, *Audience générale du mercredi 16 janvier 2013*, Place Saint Pierre, Cité du Vatican.

FRANÇOIS, *Lumen Fidei*, Lettre encyclique sur « la lumière de la foi », du 29 juin 2013, dans *AAS* 105 (2013), pp. 555-596.

FRANÇOIS, *Evangelii Gaudium*, Exhortation apostolique sur « l'annonce de l'Évangile dans le monde d'aujourd'hui », du 24 novembre 2013, dans *AAS* 105 (2013), pp. 1019-1137.

FRANÇOIS, *Audience générale du mercredi 3 septembre 2014*, Place Saint Pierre, Cité du Vatican.

FRANÇOIS, *Gaudete et Exsultate*, Exhortation apostolique sur « l'appel à la sainteté dans le monde actuel », du 19 mars 2018, dans *AAS* 110 (2018), pp. 1112-1161.

2.2. Quelques documents des Congrégations romaines, des Conseils pontificaux et conférences épiscopales

Catéchisme de l'Église Catholique, Texte typique latin, Libreria Editrice Vaticana, Città del Vaticano, 1997 ; Centurion-Cerf-fleurus-Mame-Librairie Editrice Vaticane pour l'exploitation en France de la traduction française, Paris 1998.

COMMISSION THEOLOGIQUE INTERNATIONALE, *Le Dieu Rédempteur : Questions choisies*, du 29 novembre 1994, dans *DocCath.*, 93 (1996), pp. 707-731.

CONGREGATION POUR LA DOCTRINE DE LA FOI, *Questio de Abortu*, Déclaration sur « l'avortement provoqué » du 18 novembre 1974, dans *AAS* 66 (1974), pp. 730-747.

CONGREGATION POUR LA DOCTRINE DE LA FOI, *Lettre aux Évêques de l'Église catholique sur la Pastorale à l'égard des personnes homosexuelles*, du 1er octobre 1986, dans *AAS* 79 (1987), pp. 543 – 554.

CONGREGATION POUR LA DOCTRINE DE LA FOI, *Donum Veritatis*, Instruction sur la vocation ecclésiale du théologien, du 24 mai 1990, dans *AAS* 82 (1990), pp. 1550-1570.

CONGREGATION POUR LA DOCTRINE DE LA FOI, *Dominus Jesus*, Déclaration sur « l'unicité et l'universalité salvifique de Jésus-Christ et de l'Église » du 6 août 2000, dans *AAS* 92 (2000), pp. 742-765.

CONGREGATION POUR LA DOCTRINE DE LA FOI, *Note doctrinale sur certains aspects de l'évangélisation, du 3 décembre 2007*, dans *AAS* 100 (2008), pp. 489-504.

CONGREGATION POUR LE CULTE DIVIN ET LA DISCIPLINE DES SACREMENTS, *Directoire sur la piété populaire et la liturgie, Principes et Orientations*, du 9 avril 2002, dans *Documents d'Église*, Bayard/Fleurus-Mame/Cerf, Paris 2003.

CONSEIL PONTIFICAL POUR LA PROMOTION DE L'UNITE DES CHRETIENS, *Directoire pour l'application des principes et des normes sur l'œcuménisme*, du 25 mars 1993, dans *AAS* 85 (1993), pp. 1039-1119.

CINQUIEME CONFERENCE GENERALE DE L'EPISCOPAT LATINO-AMERICAIN ET DES CARAÏBES, Aparecida, *Disciples et missionnaires de Jésus Christ pour que nos peuples aient la vie en Lui*, du 13 au 31 mai 2007, dans *AAS* 99 (2007), pp. 433-438.

Code de droit canonique (1917), can. 1255. Ce canon est entré en vigueur le 19. 05. 1918, et il a été abrogé par le code de 1983.

Missel Romain, Desclée-Mame, Paris 1974[5].

Œuvres littéraires

AA. Vv., Groupes des Dombes, *Marie dans le dessein de Dieu et la communion des saints*, Bayard, Paris 1999.

AA. Vv., *La presenza di Maria nella missione evangelizzatrice del popolo di Dio*, XIII.ma settimana di studi mariani, Loreto dal 17 al 21 settembre 1973, a cura del Collegamento Mariano Nazionale, Opera Madonna Divino Amore, Roma 1973.

Antonio M. Bozzone, *Dizionario ecclesiastico* (Dir.), Angelo Mercati – Augusto Pelzer, Vol. I, Unione Tipografico – Editrice Torinese, Torino 1953.

--------------, *Dizionario ecclesiastico* (Dir.), Angelo Mercati – Augusto Pelzer, Vol. II, Unione Tipografico – Editrice Torinese, Torino 1955.

--------------, *Dizionario ecclesiastico* (Dir.), Angelo Mercati – Augusto Pelzer, Vol. III, Unione Tipografico – Editrice Torinese, Torino 1958.

Bernard, Sesboüe, *Jésus – Christ, l'unique Médiateur, Essai sur la Rédemption et le salut*, Desclée, Paris 2003[2].

Bertetto, Domenico, *Maria, madre universale*, Mariologia, 5, Libreria Editrice Fiorentina, Firenze 1957.

Bertetto, Domenico, *Maria, la serva del Signore*, Mariologia 7, Edizioni Dehoniane, Napoli 1988.

Besançon, Maria, *Le péché originel et la vocation d'Adam, l'homme sacerdotal*, Parole et Silence, Paris 2007.

Catholicae Disputationes, *Le péché originel*, François-Xavier de Guibert, Paris 2008.

Centene, Raymond, *Le catéchisme expliqué*, Artège, Perpignan (France) 2012[2]

DUPUIS JACQUES, *La rencontre du christianisme et des religions, De l'affrontement au dialogue*, Cerf, Paris 2002.

ENRICO NORELLI, « Avant le canonique et l'apocryphe : aux origines des récits de la naissance de Jésus », *Revue de théologie et de philosophie*, 1994, vol. 126, N° 4.

FEDOR DOSTOÏEVSKY, *Les Démons*, dans *Les oeuvres littéraires de Dostoïevsky*, Vol. X.

FRANCO AMERIO, *La dottrina della fede, Dogma, morale, spiritualità*, Edizioni Ares, Milano 1982.

HÄRING, BERNARD, *La loi du Christ, la vie en communion avec Dieu*, Desclée et Cie, Paris 1961.

JACQUES DUPUIS, *Vers une théologie chrétienne du pluralisme religieux*, (trad. de l'anglais), OLINDO PARACHINI, Cerf, Paris 1997.

JAMES DUNN, *Christology in the making: A New Testament inquiry into the origins of the doctrine of the incarnation*, Westminster Press, Philadelphia, 1980.

JEAN-MARC AVELINE, *l'Enjeu christologique en théologie des religions, Le débat Tillick-Toeltsch*, Cerf, Paris 2003.

JOSEPH DORE, « Autour de l'ouvrage de Jacques Dupuis » : *Vers une théologie chrétienne du pluralisme religieux*, 200ème numéro de « Cogitatio Fidei », dans *Transversalités* 68 (1998).

JOSEPH RATZINGER/BENEDETTO XVI, *Gesù di Nazaret*, Libreria Editrice Vaticana, Città del Vaticano 2007.

JOSEPH RATZINGER/BENEDETTO XVI, *L'infanzia di Gesù*, Libreria Editrice Vaticana, Città del Vaticano 2012.

JOUNEL, PIERRE, *Le culte des saints dans l'Église catholique*, dans *Maison-Dieu*, 147 (1981).

NEUBERT, EMILE, *la devozione a Maria*, Àncora, Milano 1952.

P. LARGO, « Hagiofanias marianas y revelación cristiana », dans *Ephemerides Mariologicae* 37 (1987) 281-322.

PIACENTINI, ERNESTO, *Nuovo corso sistematico di mariologia sub luce Immaculatae*, Bannò, Roma 2002.

RAYMOND E. BROWN, *The Birth of Messiah. A Commentary on the Infancy Narratives in the Gospels of Matthew and Luke*, Anchor Bible, 1999.

RENE LATOURELLE, *Comment Dieu se révèle au monde, Lecture commentée de la Constitution de Vatican II sur la Parole de Dieu*, Fides, Québec 1998.

ROBERT SARAH – NICOLAS DIAT, *Dieu ou rien, un entretien sur la* foi, Fayard, Paris 2015.

ROMANO GUARDINI, *Il Signore, Riflessioni sulla persona e sulla vita di Gesù Cristo*, Vita e Pensiero, Milano 2014[3].

ROMANO GUARDINI, *Il Signore, Riflessioni sulla vita di Gesù Cristo*, (trad.), GIULIO COLOMBI, Vita e Pensiero, Milano 2014[3].

ROUX JEAN-PAUL, *Jésus*, Fayard, Paris 1989.

SAINT AUGUSTIN, *Les confessions*, III, 6, 11.

STEFANO CECCHIN, *Il significato delle apparizioni nella vita della Chiesa*, dans *La madre del Dio vivo a servizio della vita*, Atti del 12° Colloquio internazionale di mariologia, Santuario del Colle, Lenola (latina), 30 maggio-1°giugno 2002, (a cura di) ADRIANO DI GESÙ – ENRICO VIDAU, Ed. AMI, Roma 2005.

THOMAS D'AQUIN, *Summa Theologiae*, I, 1, 8, 2m.

VINCENT GUIBERT, *A l'ombre de l'Esprit*, Parole et Silence, Paris 2009.

SITOGRAPHIE

ALETEIA, *Pape François : Peut-on dire oui au Christ et non à l'Église ?* Dans URL< https://fr.aleteia.org/2013/05/30/pape-francois-peut-on-dire-oui-au-christ-et-non-a-leglise/>.

Alpha Encyclopédie, Tome 5, éd. Grange Batelière (Paris), Kister (Genèvre), Erasme (Bruxelles - Anvers), 1969–1970, 1784, dans URL : <https://www.abebooks.fr/rechercher-livre/titre/grande-encyclop%E9die-alpha-des-sciences-et-des-techniques-astronomie-physique-du-globe/auteur/collectif/>.

ASSOCIATION DE LA MEDAILLE MIRACULEUSE, *Le symbolisme chrétien de la barque*, dans URL: <https://www.medaille-miraculeuse.fr/meditation/symbolisme-chretien-de-la-barque.html>.

BIBLE-OUVERTE.CH, *L'Incarnation*, dans URL: <https://www.bible-ouverte.ch/cours-formation-biblique/cours-credo-chapitre-2/1434-2-2-1-lincarnation.html>.

BULLETIN THEOLOGIQUE, *Le filet dans la Bible*, dans URL: <https://bulletintheologique.wordpress.com/2019/10/04/lancez-le-filet-a-droite-de-la-barque-le-filet-dans-la-bible/>.

DAVID, PLATT, *Trois images bibliques de l'Église*, dans URL < https://evangile21.thegospelcoalition.org/book-review/trois-images-bibliques-de-leglise/>.

EGLISE CATHOLIQUE EN FRANCE, *Comment Dieu se révèle-t-il aux hommes?*, dans URL: <https://eglise.catholique.fr/approfondir-sa-foi/connaitre-et-aimer-dieu/dieu-revele-dans-lhistoire-des-hommes/372772-comment-dieu-se-revele-t-il-aux-hommes/>.

GOT QUESTIONS, *Quelle est la clé pour connaître Dieu réellement ?*, dans URL : < https://www.gotquestions.org/Francais/Connaître-Dieu.html>.

INFO BRETAGNE, *Les Prophètes et prophéties*, dans URL: <http://www.infobretagne.com/prophete-prophetie.htm>

INNOCENT HAKIZIMANA, *La médiation de l'Église dans les trois premiers siècles*, dans URL : <file:///C:/Users/ufficio/Desktop/Connaitre%20par%20l'Eglise.pdf>.

L'ÉGLISE DE JESUS-CHRIST, DES SAINTS DES DERNIERS JOURS, *Les cinq cents années perdues: de Malachie à Jean-Baptiste*, dans URL: <https://www.churchofjesuschrist.org/study/liahona/2014/12/the-lost-500-years-from-malachi-to-john-the-baptist?lang=fra>.

LATOURELLE, RENE, « Révélation, Histoire Et Incarnation » *Gregorianum*, vol. 44, no. 2, 1963, pp. 225–262. *JSTOR*, dans URL : <www.jstor.org/stable/23572643>.

LE ROBERT, « *Médiation* », dans URL:< https://www.lerobert.com/google-dictionnaire-fr?param=m%C3%A9diation>.

MARTYRE DE POLYCARPE, *Lettre de l'Église de Smyrne*, dans URL:<
http://www.clerus.org/bibliaclerusonline/pt/ku1.htm>.

OTTORINO, PIANIGIANI, *Parrocchia*, dans VOCABOLARIO ETIMOLOGICO DELLA
LINGUA ITALIANA ONLINE, dans URL <
http://etimo.it/?term=parrocchia&find=Cerca>

OVER BLOG, *La symbolique de la mer dans la Bible*, dans URL:
<http://taparoleestuntresor.over-blog.com/2019/06/la-symbolique-de-la-
mer-dans-la-bible.html>.

PHILIPPE LOUVEAU, *Jésus, oui, l'Église, non ?* Dans URL:
<https://jesus.catholique.fr/questions/jesus-oui-leglise-non/jesus-oui-
leglise-non/>.

TOPCHRETIEN.COM, *Rédemption*, dans URL
<https://topbible.topchretien.com/dictionnaire/redemption/>.

Dédicace

J'ai l'immense plaisir de dédier cet ouvrage à la mémoire heureuse de ma grand-mère Syliane Raphaël et celle de ma tendre mère Inolia Dorcely en signe de reconnaissance pour leur combat et tout l'amour qu'elles m'ont su témoigner pendant leur courte existence terrestre…

Remerciements

Pour parvenir à la publication de cet ouvrage, nombreux sont ceux qui ont eu à y mettre leur emprunte, soit en m'encourageant dans le projet ou en m'aidant dans la relecture. Je remercie tous ceux qui, d'une manière ou d'une autre, ont contribué à faire de ce rêve tant caressé une réalité. Ma reconnaissance toute particulière va à l'Évêque de Hinche, Mgr. Désinord Jean qui, après sa lecture personnelle, a autorisé et encouragé la publication de l'ouvrage. Ensuite, je remercie les confrères prêtres dont les pères Robert Michel, Dieunico Augustin, Roustavèg B. Gérôme, Fitho Jean, René Saurel Edouard, Avantes Pierre pour leur contribution au projet.

Je remercie fortement certains amis qui ont mis du temps pour m'aider à la relecture du texte. Ces amis sont spécialement : Nachard Pierre-Toussaint, Reginald Claveus, Marie Flore A. Lamarre, Carline Areus, Elourde Gilbert, Christophe Jauffret (de la France) et tant d'autres

Préface

Jésus lui dit : " Voilà si longtemps que je suis avec vous, et tu ne me connais pas, Philippe ? Qui m'a vu a vu le Père. Comment peux-tu dire : "Montre-nous le Père ! " (Jean 14,19) ? Cette réponse de Jésus à Philippe qui lui demandait de lui montrer le Père, peut être considérée comme un point de départ pour aborder ce livre. L'homme porte en lui un désir de l'Infini, dans toute l'histoire de l'humanité il est montré qu'il y a cette tension, qui pousse l'homme à se faire une référence de cet Infini. La religion hébraïque et le Christianisme ont changé la donne. Ce n'est plus l'homme à chercher Dieu, mais c'est Dieu Lui-même qui vient à lui. Il se révèle, il fait connaître à l'homme son histoire et sa destinée. Une histoire scellée par la caducité, mais pleine d'espérance pour une destinée merveilleuse.

Pour arriver à cette destinée, la tâche est loin d'être facile, c'est pourquoi dans sa pédagogie, Dieu chemine avec l'homme. D'abord, il s'est choisi un peuple, qu'il accompagne à travers les patriarches et les prophètes puis dans la plénitude des temps, en Jésus-Christ son fils. Ce cheminement est caractérisé par la lutte entre deux forces antagonistes : le péché qui plonge dans le chaos et la grâce qui relève. Tant que l'homme marche selon la volonté de Dieu, il expérimente sa grâce, sa joie et sa paix et quand il se détourne de son chemin, il se perd. Cependant, pour marcher selon la volonté de Dieu, il faut apprendre à le connaître. C'est pourquoi dans l'Ancien Testament, nous pouvons constater parfois cette logique dans le message des patriarches et des prophètes : écouter, connaître, aimer et suivre.

Donc il faut d'abord écouter Dieu qui nous parle à travers les prophètes pour pouvoir le connaître, et connaître sa volonté. Connaissant sa volonté qui est celle du salut, nous apprendrons à l'aimer et à le suivre en mettant en pratique ces préceptes. Dans le Christ, cette dynamique se trouve résumée dans la personne du Fils. Ce livre a en effet comme objectif de conduire ces lecteurs à ce binôme : *connaître-aimer*. Le Mystère du Christ, c'est – à – dire son incarnation, sa mort et résurrection par conséquent, devient le point culminant de la possibilité de mieux connaître Dieu. L'Église continue à rendre présent ce mystère pour que l'homme puisse avoir accès au Père par le Christ.

En parcourant ce livre, on est porté avec une sorte de fluidité à la pédagogie Divine dans le mystère du salut. Il nous aide à mieux comprendre ce mystère à la lumière de la doctrine du péché et de la grâce lesquelles sont des piliers de la théologie chrétienne. Une intéressante considération est faite sur le péché afin de nous porter à réfléchir profondément sur notre condition humaine, sur notre relation avec Dieu et sur le chemin vers la rédemption que le Christ nous a donnée et que l'Église perpétue jusqu'à son retour définitif. Il nous aidera à prendre conscience de la profondeur de la blessure que le péché a générée et génère encore à l'humanité afin de nous aider pour lever les yeux vers le Christ, le seul qui soit capable de nous libérer définitivement de son emprise. Cette prise de conscience nous porte aussi à valoriser la grandeur du sacrifice du Christ pour nous libérer.

En ces quelques pages, lorsque nous examinons la question du péché, nous comprenons qu'il s'agit d'une transgression qui ayant une portée universelle, qui cherche à diminuer et jusqu'à détruire l'intime communion avec Dieu voulue depuis la création. Les conséquences du péché sur l'homme et sur toute la création sont profondes, elles font souffrir toutes les créatures. Le péché nous sépare de la source de toute vie et de tout amour, nous laissant dans un état d'aliénation.

Dieu, dans sa grande miséricorde, a envoyé son fils unique, Jésus-Christ, pour nous sauver de cette condition de péché. Il vient rétablir la volonté originaire du père et nous réinsère dans la communion avec lui. À tous ceux qui croient en lui et qui acceptent de le suivre, il fait d'eux ses consanguins et donc héritiers du Père. Pour continuer à générer sa vie dans tout homme qui acceptera son message, il a institué l'Église. C'est à elle de continuer de rendre présent le Christ dans le monde.

L'Église, quant à elle, par le sacrement du baptême continue à introduire d'autres membres dans le Corps Mystique du Christ. Ils sont unis dans la foi et marchent ensemble vers la plénitude du salut. L'Église est par le Christ et l'Esprit Saint l'instrument de Dieu, le salut de l'homme. C'est à travers elle que le message de l'Évangile est transmis, que la grâce de Dieu est proclamée, célébrée et que le salut est offert à tous ceux qui le cherchent.

Toute cette pédagogie Dieu, nous découvrirons à travers ce livre a pour objectif de nous porter à reconnaître que sa volonté de Dieu que nous le connaissions afin de vivre dans une parfaite communion avec lui, d'expérimenter l'amour qui se dégage au sein de la Sainte Trinité. Et pour cela, il a mis à notre disposition tout ce qu'il faut. D'abord, après le péché, il a accompagné son peuple par les patriarches et les prophètes. Puisque le cœur de l'homme ne cesse d'être endurci, il a envoyé son fils qui, par suite, nous a donné son Esprit et l'Église. Nous sommes appelés, par la conversion, à nous tourner vers le Christ et son Église pour pouvoir entrer dans cette communion d'amour avec le Père, le Fils et le Saint Esprit aujourd'hui et toujours.

Rév. Père Dieunico Augustin,
Prêtre du Diocèse de Hinche, HTI

✝✝✝ Introduction

Jésus, le Sauveur

« Il n'y a sous le ciel aucun autre nom qui ait été donné parmi les hommes, par lequel nous devions être sauvés » (*Ac* 4, 12). C'est lui seul qui peut nous sauver. Jésus, qui, étymologiquement signifie « Yahvé sauve »,[1] est ce nom dans lequel les hommes ont le salut. C'est donc autour de Lui que doit tourner toute réflexion sur le salut.[2] Il faut partir de Jésus pour revenir à lui. En effet, à la lumière de son Évangile et de ses mystères, personne ne devrait ignorer que Jésus-Christ est l'unique Chemin qui conduit au salut et à la connaissance du Père.[3] Surtout lorsqu'il l'a Lui-même proclamé : « Je suis le Chemin, la Vérité et la Vie » (*Jn* 14, 6), et Jésus poursuit pour dire qu'il est le chemin exclusif pour aller vers le Père : « Personne ne vient au Père que par moi » (*Jn* 14, 6b). Jésus est le seul Chemin vers le Père parce qu'il est le seul qui connaît le Père (*Lc* 10, 22). Il est le seul qui est monté au ciel, car il est le seul qui y était descendu (*Jn* 3, 13). Cependant, s'il est unanime au moins dans le christianisme que le Christ est l'Unique Sauveur de l'humanité et la seule Voie qui mène au salut, le christianisme lui-même, reste divisé sur certains mystères de la mission de Jésus. Notamment celui de la participation de l'homme à sa mission salvifique. Il y a surtout une peur qui règne dans le cœur de l'homme et qui l'empêche d'affirmer certaines vérités que le Christ Lui-même est venu révéler.

Ces vérités concernent surtout la vocation de l'homme dans le projet de Dieu et la mission de Jésus auprès des hommes. En effet, la totalité de la Révélation biblique montre que l'homme a été créé pour la gloire de Dieu,[4]

---

[1] Cf. VINCENZO CAVALLA, *Gesù Cristo*, dans ANTONIO M., BOZZONE, *Dizionario ecclesiastico* (Dir.), ANGELO, MERCATI – AUGUSTO, PELZER, Unione Tipografico – Editrice Torinese, Torino 1955, Vol. II, pp. 78-88.

[2] Cf. BERNARD, SESBOÜE, *Jésus – Christ, l'unique Médiateur. Essai sur la Rédemption et le salut*, Desclée, Paris 2003², p. 11.

[3] Cf. CONGREGATION POUR LA DOCTRINE DE LA FOI, *Dominus Jésus*, Déclaration sur « l'unicité et l'universalité salvifique Jésus-Christ et de l'Église », du 6 août 2000, N° 2, dans *DocCath.*, 97 (2000), pp. 823-825.

[4] Cf. *Catéchisme de l'Église Catholique*, Texte typique latin, Libreria Editrice Vaticana, Città del Vaticano, 1997 ; Centurion-Cerf-Fleurus-Mame/Librairie Editrice Vaticane pour l'exploitation en France de la traduction française, Paris 1998, N° 293.

avec une vocation particulière, celle de devenir saint comme Lui, il est Saint[5] (*Lv* 19, 2) et qu'avant même que le monde fut créé, Dieu l'a destiné au Royaume céleste (*Mt* 25, 34; *2Tm* 1, 9; *1Pe* 1, 20). Déjà dans l'acte de la création, Dieu nous révèle quelque chose de très particulier en créant l'homme semblable à Lui et en lui dotant de ses propres attributs pour le rendre digne de Lui. Il l'a fait d'ailleurs de peu inférieur à Lui-même (*Ps* 8, 6). Et par le fait que l'homme a en lui une partie de la nature de Dieu (*Gn* 2, 7), cela indique sa proximité devant son Créateur et la relation qu'il est appelé à entretenir avec Lui. Il reste toutefois une créature dépendant totalement de son Créateur, il partage la nature de Dieu par la présence de l'esprit qu'Il lui a voulu communiquer dans son amour (*Gn* 2, 7). Dieu a ainsi manifesté sa volonté de s'unir avec sa créature.

La relation que Dieu a toujours voulue avec l'homme interpelle la conscience humaine, et elle fait objet de grands débats tant dans le monde religieux qu'ailleurs. Cependant, avec le péché, une nouvelle page s'est ouverte dans la relation de Dieu avec ses créatures. En effet, l'homme jouissait de la pleine amitié avec son Créateur avec lequel il pouvait dialoguer et nourrir leur relation amicale.[6] Mais le péché a dispersé les amis, il les a éloignés et par conséquent, la relation amicale qui les unissait s'est interrompue. Depuis, Dieu et l'homme deviennent deux extrêmes au milieu desquels s'installe un grand abîme (*Lc* 16, 26). La nouvelle situation de l'homme devant Dieu causée par le péché continue de conditionner la compréhension de l'homme sur le dessein de Dieu pour l'humanité. C'est comme si cette condition de l'homme de se retrouver loin de Dieu était une situation définitive, comme quoi Dieu aurait révoqué son projet d'amour sur l'humanité et abandonné sa créature au pouvoir du péché.

Une approche théologique sur la rédemption qui veut comprendre la condition humaine face au Créateur ne peut exclure ce que l'Église enseigne à propos. Tout comme dans la création, l'homme occupe la place centrale, de même dans la rédemption, il a retrouvé cette place qu'il avait perdue. Pour la rédemption en effet, il s'agit de ce que Dieu a réalisé pour les hommes dans la

---

[5] Cf. FRANÇOIS, *Gaudete et Exsultate*, Exhortation apostolique sur « l'appel à la sainteté dans le monde actuel », du 19 mars 2018, N°1, dans *AAS* 110 (2018), p. 1112.

[6] Cf. BENOIT XVI, *Verbum Domini*, Exhortation apostolique post-synodale sur « la Parole de Dieu dans la vie et dans la mission de l'Église », du 1er décembre 2010, N° 6, dans *Documents d'Églises*, Fleurus-Mame/Cerf, Paris 2010.

vie, la mort et la résurrection du Christ.[7] L'effet principal de la rédemption est donc la suppression des obstacles établis par le péché entre Dieu et les hommes et de faire participer tous les hommes à la vie divine.[8] Donc, ce qu'il faut considérer maintenant, c'est reconnaître la position et la nouvelle condition de l'homme à la lumière de la rédemption opérée par le Christ. D'une part, il faut reconnaître sa grandeur sans trop l'exalter ni le diviniser, d'autre part, il faut éviter de le condamner ou de l'écraser à cause de son passé malheureux.[9] En effet, une approche qui continue de voir l'homme condamné et malheureux à cause de son péché est une démarche qui ignore les effets de la rédemption et banalise du coup le sacrifice du Christ sur la croix. C'est donc ne pas reconnaître sa valeur et son impact sur la réalité du péché.

Deux choses sont à retenir qui éclairent le sens de la position de l'homme devant Dieu. La première est la fidélité de Dieu à maintenir ses promesses et ses projets,[10] et l'universalité de la mission salvifique du Christ.[11] Concernant la première, dès le début de la nouvelle histoire, Dieu a manifesté sa volonté de relever l'homme de sa chute, et donc de ne pas l'abandonner à son péché. Avec lui en effet, Il conclut de nombreuses alliances à travers des élus de son choix, mais pris dans le peuple afin qu'Il porte l'humanité à la connaissance de son dessein. Telle fut en effet la mission des Patriarches, de Moïse et des prophètes que Dieu a choisis comme intermédiaires entre Lui et son peuple.[12] A travers ses intermédiaires, Dieu se révèle progressivement à l'humanité, malgré la condition du péché qui empêche à l'homme de voir Dieu dans sa clarté, il reste éloigné du Créateur. Mais malgré l'infidélité de l'homme, Dieu lui permet d'espérer en une délivrance qu'il faut attendre avec patience et confiance.

Par le mystère de l'Incarnation du Verbe, la Révélation change de phase, car Dieu ne parle plus à son peuple à travers les prophètes, mais par son Fils qu'Il a constitué comme Pont qui relie l'humanité à la divinité. En effet, après

---

[7] Cf. COMMISSION THEOLOGIQUE INTERNATIONALE, *Le Dieu Rédempteur : Questions choisies*, du 29 novembre 1994, N° 2, dans *DocCath.*, 93 (1996), pp. 707-731.

[8] Cf. Ibid.

[9] Cf. Id, N°4.

[10] Cf. JEAN PAUL II, *Pastores dabo vobis*, Exhortation apostolique post-synodale sur « la formation des prêtres dans les circonstances particulières », du 25 mars 1992, N° 1, dans *DocCath.*, 89 (1992), pp. 451-503.

[11] Cf. CONGREGATION POUR LA DOCTRINE DE LA FOI, *Dominus Iesus*, Op. Cit., N° 4.

[12] Cf. MARIA, BESANÇON, *Le péché originel et la vocation d'Adam, l'homme sacerdotal*, Parole et Silence, Paris 2007, p. 239.

de longs siècles d'histoire où la loi et les prophètes constituaient les canaux de communication entre Dieu et le peuple ; et lorsque les temps furent accomplis, Il envoie son Fils (*Gal* 4, 4-7) qui révèle au monde son visage et actualise son projet pour l'humanité depuis l'origine du monde. La mission du Christ consiste en fait, à rétablir l'homme dans sa condition d'origine[13] en le réconciliant avec son Créateur, en prenant sur soi le péché qui constituait le motif de séparation. En effet, avec la victoire du Christ sur le péché et sur la mort, il les a d'abord anéantis. Et déjà par le mystère de son Incarnation, il s'est rendu semblable à chaque homme afin de rétablir la première ressemblance qui fut perdue avec le péché.[14] Faisant ainsi, l'homme devient une nouvelle créature (*2Cor* 5, 17), qui n'est plus esclave du péché. Il redevient ami de Dieu, et placé dans un nouveau paradis qu'est l'Église.

En effet, tout comme le premier homme fut placé dans un paradis terrestre qui préfigure sa destination à la béatitude et à la gloire éternelle, ainsi, la nouvelle créature est placée dans un paradis dans lequel il doit cheminer vers la contemplation de la gloire divine. Diverses images prises tant dans les Écritures que dans les différentes cultures des peuples, montrent cette fonction de l'Église du Christ comme un Corps dans lequel les enfants de Dieu doivent nourrir leur relation avec le Père, et grandir dans la foi en fixant leur regard sur le Nouvel Adam qui, par son sacrifice sur la croix, a réparé la faute du premier Adam et donne au monde la vie par sa mort et sa Résurrection.

Pour comprendre cette nouveauté dans la nature de l'homme, il faut se mettre à l'école de l'apôtre Paul qui, dans sa deuxième lettre aux Corinthiens, affirme : « Si quelqu'un est en Christ, il est une nouvelle créature, les choses anciennes sont passées, et voici toutes choses sont devenues nouvelles » (*2Cor* 5, 17). Il est encore plus explicite dans le verset précédent en affirmant que par le Baptême, les croyants sont morts en Christ, et ils ne vivent plus pour eux-mêmes, mais pour Lui qui est mort et ressuscité pour eux. L'homme redevient un être spirituel comme Dieu l'a voulu dans la création (*Gn* 2, 7). La nature pécheresse qu'il a assumée dans le péché n'y est plus, elle est crucifiée et enterrée avec le Christ. Cela n'empêche pas pour autant que l'homme reste un pécheur, car il a en lui la conséquence du péché (la concupiscence). Mais grâce

---

[13] Cf. JEAN PAUL II, *Redemptoris Missio*, Op. Cit., N° 2.
[14] Cf. CONGRÉGATION POUR LA DOCTRINE DE LA FOI, *Dominus Jesus*, Op. Cit., N° 10.

à l'Esprit du Seigneur qui dépasse le péché et la faiblesse humaine, l'homme n'est plus esclave de la loi et du péché, mais vit désormais sous les effets de la grâce. Si dans son amour et dans sa liberté, Dieu a choisi de créer l'homme à son image, et dans sa compassion qui est plus forte que la transgression, il a voulu le rétablir dans son amitié pour le faire participer de sa vie bienheureuse[15] et de la mission salvifique de son Fils Unique, pourquoi alors doit-il (l'homme) continuer à subir les châtiments dans les débats théologiques,[16] comme s'il restait un éternel ennemi de Dieu ?

Cette logique qui continue de voir l'homme comme étant distant de Dieu doit être dépassée. Et pour ce faire, on doit comprendre et accepter que l'homme soit une créature que Dieu a voulue pour lui-même.[17] Donc, il a été créé avec une nature parfaite et il est redevenu tel en Jésus.[18] Ainsi, lorsque la personne humaine n'est pas reconnue et aimée dans sa dignité d'image vivante de Dieu (*Gn* 1, 26), cela constitue une manière de piétiner ce qui constitue l'essence même de sa nature.[19] Si les choses anciennes sont passées, cela signifie exactement que tout ce qui appartenait à l'ancienne nature : l'orgueil, l'amour du péché, les passions pour les choses de la terre, etc. Ils ont été tous anéantis dans la passion du Christ et ils ne font plus partie des caractéristiques de l'homme nouveau. La nouvelle créature qu'est devenu l'homme de la Rédemption ne regarde plus vers la terre comme destination, mais fixe son regard vers celui qui est venu du ciel et qui est capable de remonter avec elle.[20] Le péché a régné dans le cœur de l'homme, et il l'a dominé pour un temps qui a pris fin avec le mystère pascal. Le Christ l'a enterré, et à sa Résurrection, il est retourné pour donner à l'homme la grâce de participer à la vie nouvelle par l'Esprit[21] qui, désormais, remplace le péché dans le cœur de l'homme. Point de peur d'annoncer la nouvelle vérité que Dieu s'est humanisé afin de porter l'homme à la dimension de sa vie divine.

---

[15] Cf. JEAN PAUL II, *Redemptoris Missio*, Op. Cit., N° 48.

[16] Cf. JEAN-MARC, AVELINE, *l'Enjeu christologique en théologie des religions, Le débat Tillick-Toeltsch*, Cerf, Paris 2003, p. 645 ; Cf. JACQUES, DUPUIS, *Vers une théologie chrétienne du pluralisme religieux*, (trad. de l'anglais), OLINDO PARACHINI, Cerf, Paris 1997, p. 300.

[17] Cf. CONCILE VATICAN II, *Gaudium et Spes*, Constitution Pastorale sur « l'Église dans le monde de ce temps », du 7 décembre 1965, N° 24, dans *AAS* 58 (1966), pp. 1025-1115.

[18] Cf. CONGREGATION POUR LA DOCTRINE DE LA FOI, *Dominus Jesus*, Op. Cit., N° 13.

[19] Cf. JEAN PAUL II, *Christifideles Laici*, Exhortation apostolique post-synodale sur « la vocation et la mission des laïcs dans l'Église et dans le monde », du 30 décembre 1988, N° 5, dans *DocCath.*, 86 (1989), pp. 152-196.

[20] Cf. JEAN PAUL II, *Redemptoris Missio*, Op. Cit., N° 5.

[21] Cf. CONGREGATION POUR LA DOCTRINE DE LA FOI, *Dominus Jesus*, Op. Cit., N° 12.

Cette étude rentre donc dans cette logique qui voit en l'homme un itinéraire vers la connaissance du Père. Le Christ reste l'unique voie pour aller vers le Père.[22] C'est-à-dire, en reconnaissant la place de l'Église et de chaque homme dans un cheminement vers la connaissance de Dieu, cela ne signifie pas qu'ils constituent des voies parallèles au Christ, mais qu'ils participent dans l'unique mission du Christ.[23] C'est d'abord lui, en se rendant semblable aux hommes, qui les a rendus capables de collaborer à sa mission salvifique. Cette approche ne constitue non plus une nouveauté première, car depuis le début de l'histoire, l'Église a toujours vu dans l'appel des disciples de la part de Jésus, une vocation à participer à sa mission.[24] Et l'Église a bien clarifié la question en parlant de « médiation participative » dans le cadre de la mission de l'Église et tous les disciples du Seigneur. Donc, si l'Église et l'homme constituent dans cette étude, des voies vers la connaissance et la rencontre du Père, c'est exclusivement en tant qu'ils le sont dans le Christ, et non de façon isolée, car le Christ Lui-même a proclamé : « Sans moi vous ne pouvez rien faire » (*Jn* 15, 5).

A travers ses trois chapitres sur la médiation salvifique du Christ qui porte sur *Jésus, l'Église et l'homme*, cet ouvrage entend répondre à certaines interrogations sur la principale fonction de l'Église, la raison de son existence et la place que la personne humaine occupe dans le dessein du Créateur. La réflexion présentée dans cet ouvrage se donne pour mission principale d'analyser le rapport de la communauté des disciples du Christ qu'est l'Église et de chaque homme[25] avec la mission du Fils de Dieu en tant que Médiateur de la Nouvelle Alliance et de la réconciliation. Comment est-ce que l'Unique médiation du Christ autorise-t-elle d'autres médiations ? En partant de Jésus-Christ comme l'unique Sauveur de l'humanité et l'unique chemin vers le salut et la connaissance du Père, chacun des chapitres du texte aura à clarifier la nature et le sens de la médiation de l'Église et de chaque baptisé à l'intérieur de celle du Christ.

---

[22] Cf. JEAN PAUL II, *Redemptoris Missio*, Op. Cit., N° 5.

[23] Cf. JEAN PAUL II, *Redemptoris Missio*, Op. Cit., N° 7.

[24] Cf. JEAN PAUL II, *Redemptoris Missio*, Op. Cit., N° 9.

[25] Ici, par le concept "homme", on entend surtout le baptisé qui n'est désormais plus esclave du péché, mais le racheté qui est destiné au salut en tant qu'il est lavé dans le Sang de l'Agneau. En effet, c'est seulement le Baptême qui ouvre à tous la porte du salut.

CHAPITRE PREMIER

Le Christ

I.1- Jésus-Christ, l'unique Chemin qui conduit à la connaissance du Père.

> Dieu, infiniment Parfait et Bienheureux en Lui-même, dans son dessein de pure bonté, a librement créé l'homme pour le faire participer à sa vie bienheureuse. C'est pourquoi, de tout temps et en tout lieu, Il se fait proche de l'homme. Il l'appelle, l'aide à Le chercher, à Le connaître et à L'aimer de toutes ses forces. Il convoque tous les hommes que le péché a dispersés dans l'unité de sa famille, l'Église. Pour ce faire, Il a envoyé son Fils comme Rédempteur et Sauveur lorsque les temps furent accomplis. En Lui et par Lui, Il appelle les hommes à devenir, dans l'Esprit Saint, ses enfants d'adoption, et donc les héritiers de sa vie bienheureuse.[26]

Ce numéro du *Catéchisme de l'Église Catholique* résume à lui seul, l'entier contenu de cet ouvrage. Il prend en considération l'argument qui constitue le noyau de la pensée qui s'y dégage, c'est-à-dire, la connaissance et l'amour de Dieu et les voies qui y conduisent. Tout d'abord, c'est Dieu Lui-même, dans une parfaite liberté qui prend l'initiative de créer l'homme.[27] Mise à part l'initiative de Dieu dans l'œuvre de la création, l'homme perdu par le péché est à nouveau racheté par le sacrifice du Fils et rassemblé dans l'Église pour cheminer dans la vie divine et marcher dans la vocation à la sainteté et à la béatitude à laquelle, tous sont appelés dans le Christ.[28]

L'homme est fait essentiellement pour connaître et aimer Dieu.[29] Sachant que toute la vie de l'homme et la nécessité de sa création tournent autour de ce binôme, il est légitime de se questionner sur l'existence ou non, d'une clé qui permette d'accéder à la connaissance de Dieu afin de mieux L'aimer. Car on ne peut pas aimer ce qu'on ne connaît pas.[30] En fait, tout homme tend vers la

---

[26] *Catéchisme de l'Église Catholique*, Texte typique latin, Libreria Editrice Vaticana, Città del Vaticano, 1997 ; Centurion-Cerf-Fleurus-Mame/Librairie Editrice Vaticane pour l'exploitation en France de la traduction française, Paris 1998, N°1.

[27] Cf. CEC., Op. Cit., N° 1.

[28] Cf. Ibidem

[29] Cf. CEC., Op. Cit., N° 1.

[30] Cf. FEDOR, DOSTOÏEVSKY, *Les Démons*, p. 75, dans *Les œuvres littéraires de Dostoïevsky*, Vol. X.

connaissance d'autres personnes et aspire à être connu des autres. Encore plus, l'homme nourrit en soi un désir de connaître son Créateur. Mais en réalité, ce désir risque de rester insatiable tant que l'homme continue de Le chercher en dehors de Lui-même, car il est le seul qui soit capable de satisfaire le désir de Le connaître. Alors, la clé pour connaître Dieu c'est Dieu Lui-même. Mais Jésus a dit : « Or, la vie éternelle, c'est qu'ils te connaissent, Toi, le seul vrai Dieu et celui que Tu as envoyé, Jésus-Christ ». (*Jn* 17, 3). Tout d'abord, l'homme doit comprendre que de lui-même, il est incapable d'accéder à la connaissance de Dieu à cause de ses péchés qui le privent de la gloire de Dieu (*Rm* 3, 23). Et puisque la conséquence du péché c'est la mort éternelle (*Rm* 6, 23), l'homme marche vers sa perdition s'il n'accepte et ne reçoit pas la promesse du salut de Dieu par la Passion et la Résurrection du Christ.

Pour connaître Dieu réellement, l'homme doit d'abord L'accepter dans sa vie et devenir son enfant en L'accueillant.[31] « Mais à ceux qui l'ont accepté (ceux qui l'ont accueilli et cru en son nom), Il a donné le pouvoir de devenir des enfants de Dieu » (*Jn* 1, 17). Il est donc très important de comprendre cette vérité pour apprendre à connaître Dieu. En effet, Jésus a clairement déclaré qu'il est le seul chemin qui mène au ciel et qui conduit à une connaissance personnelle de Dieu : « C'est moi qui suis le Chemin, la Vérité et la Vie, personne ne vient au Père que par moi » (*Jn* 14, 6). Jésus est venu pour nous donner la vie en s'offrant Lui-même en sacrifice ultime pour que nos péchés ne soient plus motifs de notre séparation avec notre Créateur. La connaissance de cette vérité est essentielle pour que l'homme apprenne à connaître Dieu personnellement.[32] Un des critères incontournables pour un itinéraire vers la connaissance de Dieu est la conviction que la Bible est la Parole de Dieu et qu'elle est la Révélation de sa Personne, de ses promesses et de sa volonté. En effet, la Bible constitue une lettre d'amour où Dieu fait part de son amour à chaque homme en y révélant son plan de salut et son désir de lui être intimement uni.

N'est-ce pas ici la meilleure façon d'apprendre à connaître Dieu ? Le fait de devoir s'immerger dans sa Parole qui est la Révélation de sa Personne afin de porter l'homme à sa rencontre. Mais il est important d'y persévérer pendant

---

[31] Cf. GOT QUESTIONS, *Quelle est la clé pour connaître Dieu réellement ?*, dans URL : <
https://www.gotquestions.org/Francais/Connaître-Dieu.html>, consulté le 4 avril 2021, à 22h.
[32] Cf. GOT QUESTIONS, *Quelle est la clé pour connaître Dieu réellement ?* Op. Cit.

toute notre existence, car la connaissance que nous avons de Dieu pendant la vie terrestre, est seulement le début du cheminement qui doit nous conduire à Le connaître intimement afin que notre vie soit remplie de sa béatitude et partager ainsi la vie qu'Il nous donne en héritage. En effet, dans sa lettre à Timothée, l'apôtre Paul dit :

> « Quant à toi, tiens ferme dans ce que tu as appris et reconnu comme certain, sachant de qui tu l'as appris. De ton enfance, tu connais les Saintes Écritures qui peuvent te rendre sage en vue du salut par la foi en Jésus-Christ. Toute l'Écriture est inspirée de Dieu et utile pour enseigner, pour convaincre, pour corriger, pour instruire dans la justice, afin que l'homme de Dieu soit formé et équipé pour toute bonne œuvre ». (*2Tm* 3, 14-16).

Les Saintes Écritures constituent donc la clé d'accès à la connaissance de Dieu. Il s'agit alors de s'engager à obéir à ce que Dieu Lui-même nous dit dans la Bible pour le connaître réellement. Il reste évident que la vie chrétienne implique beaucoup plus que tout ce qui est dit là. Car l'engagement à la prière, à la méditation de la Parole de Dieu, à la communion fraternelle, à l'adoration, etc., constitue des instruments qui nous permettent d'être en dialogue permanent avec Dieu,[33] mais ces choses ne peuvent venir qu'après avoir accepté Jésus et reconnaître que nous ne pourrions pas réellement connaître Dieu par nous-mêmes.

I.2- La recherche de Dieu

Avant d'aboutir au binôme (connaître et aimer) qui favorise l'union de l'homme à son Créateur, la première démarche qui met l'homme sur cet itinéraire de connaissance et d'amour consiste pour lui de chercher Dieu d'abord.[34] Par le désir de Dieu qui est inscrit dans le cœur de l'homme,[35] il est rendu capable de chercher son Créateur et d'expérimenter sa présence dans la vie quotidienne. En fait, c'est Dieu Lui-même qui appelle l'homme à Le chercher afin qu'il ait la vie et le bonheur.[36] Le désir de chercher Dieu porte l'homme à une communion de vie avec Lui et c'est dans cette communion avec Dieu que se trouve l'aspect le plus sublime de la dignité humaine.[37] Depuis la

---

[33] Cf. Ibid.

[34] Cf. CEC., Op. Cit., N° 1.

[35] Cf. CEC., Op. Cit., N° 27,

[36] Cf. CEC., Op. Cit., N° 30.

[37] Cf. CONCILE VATICAN, *Gaudium et Spes*, N° 19 § 1.

création, Dieu appelle l'homme à dialoguer avec lui. En effet, c'est dans son amour qu'Il a créé l'homme afin qu'il cherche la divinité pour l'atteindre ; et c'est en elle (dans la divinité) que l'homme a la vie, le mouvement et l'être[38] (*Ac* 17, 26-28).

Saint Paul parle de la proximité absolue de Dieu et de sa présence mystérieuse (*Rm* 8, 29), mais réelle dans le cœur de chaque homme. Saint Augustin fait écho de cet enseignement quand il exclame: «Toi, tu étais plus intime que l'intime de moi-même, et plus élevé que les cimes de moi-même».[39] Par le désir de Dieu qui est inscrit au cœur de l'homme et de par sa nature, étant créé à l'image de Dieu, il est appelé par une vocation particulière à communier dans la vie de Dieu. Grâce à cet appel de Dieu, l'homme nourrit un ardent désir de connaître le Créateur. Ce désir de connaître Dieu, manifesté sous diverses formes, fait de lui un être religieux de par son comportement et ses croyances.[40] L'homme dispose de multiples moyens qui lui permettent d'accéder à la connaissance de Dieu. Ces moyens ont leur point de départ d'abord dans la création, car c'est en contemplant l'univers que l'homme se rend compte de l'existence d'un Principe premier qui soit à l'origine de tout. Cette forme de connaissance sur Dieu est reconnue comme une théologie naturelle. Elle constitue le premier discours sur Dieu qui permet d'accéder à sa connaissance à partir de la nature même et de l'environnement.

Par son intelligence, l'homme ne voit pas Dieu, car aucun homme ne l'a vu et aucune intelligence créée ne peut saisir ce qu'est Dieu. Son existence n'est pas immédiatement évidente à notre intelligence. L'homme ne peut découvrir qui est Dieu qu'en s'élevant jusqu'à Lui par un itinéraire dans la recherche de la vérité. Dieu lui-même a mis au cœur de l'homme le désir de connaître la vérité afin de le connaître.[41] Cet itinéraire de recherche trouve son origine dans les interrogations qui se portent sur les réalités existantes dont l'homme a l'expérience. En contemplant la création, mais plus précisément la personne humaine qui est la réalité existante la plus parfaite de Dieu, l'homme se demande s'il existe une réalité première au-delà de la personne humaine,[42] et

---

[38] Cf. CEC., Op. Cit., N° 28.
[39] SAINT AUGUSTIN, *Les confessions*, III, 6, 11.
[40] Cf. CEC., Op. Cit., No 27.
[41] Cf. JEAN PAUL II, *Fides et Ratio*, Lettre Encyclique aux Évêques de l'Église Catholique sur « les rapports entre la foi et la raison », du 14 septembre 1998, dans *DocCath.*, 95 (1998), pp. 901-942.
[42] Cf. CEC., Op. Cit., No 33.

parvient donc à la certitude de l'existence de celui qui a tout créé et qui n'a pas été créé.

L'Église Catholique, à travers son enseignement depuis toujours ne nie pas que l'homme, à travers la raison naturelle puisse arriver à une certaine connaissance sur Dieu,[43] car, appelé à connaître Dieu et à l'aimer, l'homme en contemplant l'œuvre de la création, trouve des réponses à ses interrogations sur l'origine de l'univers, car le monde matériel et la personne humaine constituent les premiers éléments, «preuves de son existence» qui donnent accès à la connaissance sur Dieu.[44] Ils sont appelés « preuves » puisqu'ils constituent des arguments convaincants et convergents qui permettent d'atteindre avec certitude la connaissance sur l'existence de Dieu.

En même temps que l'Église atteste que la raison naturelle peut porter l'homme à connaître Dieu à partir des œuvres de la Création,[45] elle reconnaît aussi la petitesse et l'incapacité de l'homme d'accéder à la Révélation divine sans que sa raison ne soit éclairée par Dieu lui-même sur les vérités religieuses et morales, qui naturellement ne sont pas inaccessibles à la raison humaine.[46] Sachant que l'homme ne peut atteindre la Révélation sans qu'Il lui soit venu en aide, Dieu dans sa bonté et miséricorde, prend l'initiative de révéler à l'homme son dessein bienveillant. Par la Révélation en effet, l'homme est rendu capable de répondre à Dieu, de le connaître et de l'aimer de tout son être et au-delà de ses propres aptitudes. Dieu se communique graduellement à l'homme, car c'est par étape qu'Il le prépare à l'accueil de sa Révélation qui trouve son point culminant dans la personne et dans la mission de son Verbe incarné, Jésus Christ.[47]

Nombreux sont les événements à travers l'histoire qui montrent comment Dieu a toujours pris soin de son peuple et depuis la Création, Il ne cesse de l'appeler à communier intimement à sa vie. Déjà, l'ordre de la Création indique la supériorité avec laquelle l'homme a été créé par rapport aux autres créatures. Pour créer l'homme, Dieu n'a pas seulement dit : « Que l'homme soit », comme c'est le cas pour tout le reste de la création. Mais Il dit : « Faisons

---

[43] Cf. CEC., Op. Cit., No 50.
[44] Cf. CEC., Op. Cit., No 31.
[45] Cf. RENE, LATOURELLE, *Comment Dieu se révèle au monde, Lecture commentée de la Constitution de Vatican II sur la Parole de Dieu*, Fides, Québec 1998, p 31
[46] Cf. CEC., Op. Cit., nn. 36-38.
[47] Cf. CEC., Op. Cit., nn. 51-53.

l'homme à notre image ». Ainsi, l'homme fut créé par l'action divine, il fut créé pour vivre en présence de Dieu et dans son amitié. La désobéissance de l'homme le conduit jusqu'à expérimenter la grandeur infinie et la miséricorde de Dieu, car après qu'il ait perdu l'amitié de Dieu en se détournant lui-même de son Créateur, il n'a pas été livré au pouvoir de la mort, mais avec lui, Dieu cherche à rester en communion à travers des pactes d'Alliances afin de le récupérer.[48] C'est –à – dire, après que l'humanité ait été dispersée par le péché, Dieu cherche à sauver l'homme perdu. Il veut rassembler tous les hommes dans l'unité en faisant d'Abraham le père de toutes les nations de la terre (*Gn* 17, 5). En Abraham sont ainsi unis tous les peuples qui seront les héritiers de la promesse que le Seigneur Lui-même a faite à nos pères (*Gn* 22, 15-18 ; *Lc* 1, 73). Cette unité est bien celle de l'Église, la grande famille de Dieu dans laquelle sont rassemblés tous ses enfants.[49]

La Révélation est l'œuvre exclusive de Dieu.[50] C'est lui qui prend l'initiative de se faire connaître à l'homme. Cette Révélation divine commence depuis l'histoire de la création où l'homme ne cesse de faire l'expérience de la présence de Dieu. Le Concile Vatican II a dédié toute une entière constitution à la Révélation divine.[51] Il est question pour le saint Concile de mettre en lumière la doctrine authentique sur la Révélation et sa transmission pour que tous les hommes arrivent à croire en écoutant la proclamation du salut, en croyant qu'ils espèrent et qu'ils aiment en espérant.[52] Une des principales préoccupations du Concile est celle de connecter toutes les étapes de la Révélation de l'Ancienne Alliance à son point culminant qui est la personne de Jésus Christ, en qui Dieu s'est pleinement et définitivement révélé.

I.3- Les moyens de la Révélation de Dieu

La diversité des religions a son origine dans la recherche même d'un itinéraire portant à la connaissance de Dieu. Ainsi, dans certaines religions, la connaissance Dieu est liée à un territoire ou à certains lieux particuliers,

---

[48] Cf. *Missel Romain*, Prière Eucharistique IV, Desclée-Mame, 1974⁵ Paris, p. 124.

[49] Cf. CEC., Op. Cit., N° 59.

[50] Cf. CONCILE VATICAN II, *Dei Verbum*, Constitution dogmatique sur « la Révélation divine » du 18 novembre 1965, N° 2, dans *AAS* 58 (1966), pp. 817-830.

[51] *Dei Verbum* ou la constitution dogmatique sur la Révélation divine, est l'une des quatre constitutions du Concile œcuménique Vatican II. Portant sur la Révélation divine, le texte fut voté le 8 septembre 1965 et promulgué solennellement le 18 novembre de la même année par le Pape Paul VI.

[52] Cf. CONCILE VATICAN II, *Dei Verbum*, N° 1.

comme : des forêts, des fontaines, des montagnes, des troncs d'arbres, etc. elle peut être également liée à une personne (un prophète) qui transmet ou qui prétend transmettre la volonté de Dieu.[53] Pour le christianisme, la Révélation de Dieu est plutôt liée à l'histoire d'un peuple et à la personne de Jésus Christ. La Sainte Écriture dans son ensemble, constitue le lieu privilégié de la Révélation divine.[54] Grâce aux écrits de l'Ancien Testament, nous faisons connaissance à l'histoire du peuple d'Israël. Une histoire faite de déclarations d'amour d'un Dieu-Créateur qui cherche à sauver son peuple. La foi des premiers croyants d'Israël constitue donc le témoignage et la parole à travers lesquels Dieu s'est fait connaître.

De même que des pactes servent à mettre deux alliés en relation, ainsi, la Sainte Écriture utilise aussi le thème « Alliance » pour décrire la relation que Dieu établit entre lui et son peuple. Dieu et le peuple ne partagent pas la même dignité, ils ne sont pas des partenaires égaux, mais Dieu veut qu'il y ait Alliance entre eux. L'Ancien Testament est rempli d'alliances conclues entre Dieu et le peuple, où à chaque occasion, Dieu renouvelle sa fidélité et sa proximité à travers des personnes qu'Il désigne pour représenter le peuple devant sa face : Noé, Abraham, Moïse, David, etc. Toutes ces Alliances traduisent de la volonté de Dieu de se rapprocher de son peuple auquel il se révèle progressivement. Ces Alliances se renouvellent et s'accomplissent dans celle du Christ dans la perspective du salut éternel.

I.3.1- Abraham

Ancien du peuple d'Israël, il est dit « notre père dans la foi ». Son histoire remonte au XVIIIème siècle avant Jésus-Christ. Abraham fut un nomade et éleveur de bétail.[55] Il s'est mis à l'écoute de Dieu, bien qu'il ne le voit pas.[56] A celui qui écoute en effet, Dieu fait comprendre que tout est possible dans la mesure où son interlocuteur est prêt à se laisser guider par celui de qui, il reconnaît une certaine dépendance. Déjà en route vers Canaan avec sa tribu,

---

[53] Cf. EGLISE CATHOLIQUE EN FRANCE, *Comment Dieu se révèle-t-il aux hommes?*, dans URL: <https://eglise.catholique.fr/approfondir-sa-foi/connaitre-et-aimer-dieu/dieu-revele-dans-lhistoire-des-hommes/372772-comment-dieu-se-revele-t-il-aux-hommes/>, site visité le jeudi 27 mai 2021, à 20.30.
[54] Cf. CONCILE VATICAN II, *Dei Verbum*, Op. Cit., N° 11.
[55] Cf. GIUSEPPE, PRIERO, *Abramo*, dans ANTONIO M., BOZZONE, *Dizionario ecclesiastico* (Dir.), ANGELO, MERCATI – AUGUSTO, PELZER, Unione Tipografico – Editrice Torinese, Torino 1955, Vol. I, p. 14.
[56] Cf. FRANÇOIS, *Lumen Fidei*, Lettre encyclique sur « la lumière de la foi », du 29 juin 2013, N° 8, dans *DocCath.*, N° 2512, pp. 6-60.

Abraham fait l'expérience de la foi, son itinéraire est orienté vers une promesse bienheureuse.[57] Celle d'un pays, d'une descendance et de la bénédiction divine à travers l'Alliance. Par la foi, Abraham répond à l'appel de Dieu et se met en route, mais sa foi est troublée par des doutes et les illusions.[58] Sa foi est mise à l'épreuve, mais il a résisté et il est sorti vainqueur. Il se déplace d'un lieu à un autre. Il est âgé, sans espoir d'une descendance. Dieu continue à lui parler.

Abraham construisit un autel pour le Seigneur, il garda confiance. Lui ainsi que sa femme Sara reçoivent un nouveau nom de Dieu. Il s'appelle désormais Abram-Abraham et sa femme Saraï-Sara.[59] Le changement de nom dans la Bible indique généralement une nouvelle mission. Ainsi, Abraham reçoit la mission d'être à l'origine du nouveau peuple de Dieu.[60] Très souvent, dans la vie, Dieu se fait sentir quand tout paraît sans espoir, ainsi, dans sa relation avec Abraham, lorsque tout lui paraissait si sombre, vient s'accomplir la promesse de Dieu. Bien qu'Abraham ne puisse pas voir la terre promise, le peuple à venir se trouve préfiguré dans la naissance de ses fils.[61] En effet, la promesse de Dieu est vitale. C'est ainsi que la Tradition chrétienne considère Abraham comme le père de ceux qui croient[62] et en lui tous les peuples de la terre sont bénis.

I.3.2- Moïse

Il est choisi par Dieu et envoyé pour libérer son peuple du joug de l'esclavage.[63] En s'adressant à Abraham, Dieu parle aux hommes et il rejoint son peuple. Pour Moïse aussi, Dieu prend l'initiative de l'appeler et d'établir avec lui une relation de confiance qui aura des répercussions sur tout le peuple d'Israël. L'histoire commence avec la libération du peuple. Les hébreux furent asservis par les égyptiens. Vers 1250 avant Jésus-Christ, Moïse comprit que Dieu se mettrait à ses côtés pour ouvrir un avenir pour les descendants d'Abraham.

---

[57] Cf. FRANÇOIS, *Lumen Fidei*, Op. Cit., N° 9.

[58] Cf. MARIA, BESANÇON, *Le péché originel et la vocation d'Adam, l'homme sacerdotal*, Op. Cit., p. 236.

[59] Cf. GIUSEPPE, PRIERO, *Abramo*, dans A. M. BOZZONE, *Dizionario ecclesiastico* (Dir.), A. MERCATI – A. PELZER, Op. Cit., Vol. I, p.14.

[60] Cf. FRANÇOIS, *Lumen Fidei*, Op. Cit., N° 11.

[61] Cf. MARIA, BESANÇON, *Le péché originel et la vocation d'Adam, l'homme sacerdotal*, Op. Cit., p. 26.

[62] Cf. CEC, nn. 145-147.

[63] Cf. MARIA, BESANÇON, *Le péché originel et la vocation d'Adam*, Op. Cit., p. 239.

L'histoire de la relation de Moïse avec Dieu constitue un véritable témoignage de la compassion de Dieu.[64] Elle invite d'abord à reconnaître en Dieu non seulement celui qui met en route, mais surtout le Dieu-compagnon de route du peuple de la promesse. Moïse a vécu au XIIIème siècle avant Jésus-Christ. Après Abraham, il est la figure la plus marquante du judaïsme. Son histoire se rattache surtout à celle des Hébreux alors réduits en esclavage en Egypte. Enfant rescapé de la tuerie ordonnée par le Pharaon, il est issu de la Tribu de Lévi. Ayant reçu une éducation égyptienne, Moïse ne renonce pas pour autant à son origine hébraïque. Après avoir tué un égyptien qui maltraitait un Hébreu, par peur des représailles, Moïse fuit au désert où Dieu se révèlera à lui dans la flamme du feu au cœur d'un buisson (*Ex* 3, 1-7).

I.3.3- Les prophètes

Les prophètes étaient des hommes que Dieu inspirait et qu'Il envoyait aux rois et aux peuples pour faire connaître sa volonté et les rappeler à l'ordre. A travers les prophètes, Dieu fait connaître aux peuples les événements futurs qui ne pouvaient pas être prévus naturellement.[65] De l'Ancien Testament, on compte jusqu'à soixante-douze prophètes. Les Patriarches Adam, Hénoch, Noé, Abraham, Isaac, Jacob, Joseph, etc. Certains ont préfiguré le Messie à venir, et d'autres ont été chargés d'annoncer certains de ses caractères.[66] Les prophéties en effet, se rapportent principalement au Messie, au peuple juif et aux nations étrangères.

Nous connaissons les prophètes grâce à leurs écrits et la mission principale dont ils furent chargés. Mais, certains des prophètes comme Elie et Elisée n'ont laissé aucun écrit à l'humanité, malgré leur influence qui fut considérable dans la lutte contre l'idolâtrie sous les rois d'Israël.[67] Les prophètes dont l'humanité possède les écrits sont dits « grands Prophètes ou petits Prophètes » suivant l'étendue de leurs écrits.[68] Ainsi, dans le classement des grands Prophètes, la Tradition en reconnaît quatre, à savoir :

---

[64] Cf. Id., p. 240.
[65] Cf. INFO BRETAGNE, *Les Prophètes et prophéties*, dans URL: <http://www.infobretagne.com/prophete-prophetie.htm>, site visité le 28 mai 2021, à 7.30.
[66] Cf. GIUSEPPE, PRIERO, *Profeta e Profetismo*, dans ANTONIO M., BOZZONE, *Dizionario ecclesiastico* (Dir.), ANGELO, MERCATI – AUGUSTO, PELZER, Op. Cit., Vol. III, pp. 349-351.
[67] Cf. Ibid.
[68] Cf. INFO BRETAGNE, *Les grands Prophètes*, Op. Cit.

Isaïe : Il vécut au VIIIème siècle avant Jésus-Christ sous les règnes d'Achaz et d'Ezéchias. Les prophéties d'Isaïe ont comme objets les juifs et leurs ennemis, la mission de Cyrus, la vie et la mort du Messie, et son règne qui n'aura pas de fin.[69]

Jérémie : Il vécut à Jérusalem au VIIème siècle avant Jésus-Christ. Le prophète Baruch fut son secrétaire.[70]

Ezéchiel : Il vécut au VIème siècle avant Jésus-Christ, il fut transporté à Babylone avec le roi Jéchonias après la ruine de Jérusalem. Il annonça la restauration de la grande ville de Jérusalem et le règne du Messie.[71]

Daniel : Il vécut également au VIème de la même ère que les autres, il fut d'abord captif à Babylone, puis il entra à la cour de Nabuchodonosor où il gagna la confiance du roi. Il annonça les quatre grands empires qui allaient gouverner le monde. Les soixante-dix semaines qui devaient se terminer à la naissance du Sauveur. Dans le même sens, David est aussi considéré comme un grand Prophète pour avoir prédit dans ses psaumes la vie, les humiliations et les grandeurs du Messie.[72]

I.3.4- Les Petits prophètes

Les petits prophètes dont l'humanité possède les écrits sont au nombre de douze et ils se divisent en trois groupes ayant vécu et prophétisé entre la période du schisme et la captivité. Les prophètes Osée, Joël, Amos, Abdias, Jonas, Michée et Nahum ont vécu entre le schisme et la captivité, alors que les prophètes Sophonie et Habacuc ont vécu pendant la captivité. Quant aux prophètes Aggée, Zacharie et Malachie, ils ont prophétisé après la captivité.[73] Malachie fut en fait le dernier prophète de son temps. Car après qu'il eut quitté la scène terrestre vers les années 450 avant Jésus-Christ, aucun prophète ne fit à nouveau entendre la voix pendant environ 500 ans.[74] Cette longue période

---

[69] Cf. BONAVENTURA, MARIANI, *Isaia,* dans ANTONIO M., BOZZONE, *Dizionario ecclesiastico* (Dir.), ANGELO, MERCATI – AUGUSTO, PELZER, Op. Cit., Vol. II, p. 476.

[70] Cf. Id, p. 58.

[71] Cf. BONAVENTURA, MARIANI, *Ezechiele,* dans ANTONIO M., BOZZONE, *Dizionario ecclesiastico* (Dir.), ANGELO, MERCATI – AUGUSTO, PELZER, Op. Cit., Vol. I, p. 1049.

[72] Cf. Id, p. 806.

[73] Cf. BONAVENTURA, MARIANI, *Malachia,* dans ANTONIO M., BOZZONE, *Dizionario ecclesiastico* (Dir.), ANGELO, MERCATI – AUGUSTO, PELZER, Op. Cit., Vol. II, p. 788.

[74] L'ÉGLISE DE JÉSUS-CHRIST, DES SAINTS DES DERNIERS JOURS, *Les cinq cents années perdues: de Malachie à Jean-Baptiste,* dans URL: https://www.churchofjesuschrist.org/study/liahona/2014/12/the-lost-500-years-from-malachi-to-john-the-baptist?lang=fra, site visité le 28 mai 2021.

intertestamentaire fut alors une période de confusion en absence des prophètes où le peuple commença à se diviser jusqu'à ce que Dieu décide d'envoyer un nouveau Prophète en la personne de Jean-Baptiste.

I.3.5- La prophétie sur/de Jean Baptiste

Si Malachie est le dernier prophète de Yahvé[75] et qu'après lui, aucun autre ne se manifestera, il a lui-même prophétisé sur son successeur qui sortira 500 ans après sa prophétie : il prédit en effet : « Voici, j'enverrai mon messager. Il préparera le chemin devant moi. Et soudain, le Seigneur que vous cherchez entrera dans son temple. Et le messager de l'Alliance que vous désirez, voici, il vient, dit l'Eternel des armées » (*Ml* 3, 1). Dans la lignée des prophéties annonçant la venue du Messie, Jean Baptiste en constitue la dernière parole. A son sujet en effet, tous les évangélistes citent la prophétie d'Isaïe : « Voix de celui qui crie dans le désert : rendez droit le chemin du Seigneur » (*Is* 40, 3).

En de multiples dimensions, la vie de Jean Baptiste se rapproche de celle de Jésus. Déjà, leur naissance fut annoncée par le même Archange Gabriel, le messager, et leur naissance fut extraordinaire sur le plan naturel.[76] Ils sont tous les deux issus de conditions naturellement impossibles. En effet, Jésus est né d'une vierge et Jean Baptiste d'une vieille femme stérile (*Lc* 1, 26-38).[77] Ils sont tous les deux placés sous l'influence de l'Esprit Saint, étant tous les deux envoyés par Dieu. La fin de la vie terrestre fut tragique pour tous les deux. Jean Baptiste fut décapité par Hérode le Tétrarque, et Jésus crucifié. Leurs missions furent complémentaires l'une à l'autre. En effet, Jean est envoyé par Dieu pour préparer la route devant le Messie en appelant le monde à la repentance en abandonnant le péché.

Le contenu du message de Jean Baptiste constitue la voix qui parle de la vie intérieure et de la relation des hommes avec Dieu. Malgré l'importance de la mission de Jean Baptiste, il ne se laissa pas tenter par le désir de se présenter comme le Messie malgré l'opportunité qui lui fut donnée.[78] Il sait bien

---

[75] Cf. BONAVENTURA, MARIANI, *Malachia*, dans ANTONIO M., BOZZONE, *Dizionario ecclesiastico* (Dir.), ANGELO, MERCATI – AUGUSTO, PELZER, Op. Cit., Vol. II, p. 788.
[76] Cf. CONGREGATION POUR LE CULTE DIVIN ET LA DISCIPLINE DES SACREMENTS, *Directoire sur la piété populaire et la liturgie, Principes et Orientations*, du 9 avril 2002, N° 224, dans *AAS* 94 (2002), pp. 479-514.
[77] Cf. JOSEPH, RATZINGER/BENEDETTO XVI, *L'infanzia di Gesù*, Libreria Editrice Vaticana, Città del Vaticano 2012, p. 31.
[78] À un certain moment de sa prédication, Jean Baptiste fut apprécié par les gens qui l'écoutaient. Par certains, il fut retenu pour le Messie que les gens attendaient impatiemment. Ils l'interrogèrent à propos de son origine,

reconnaître sa place et sa mission : celle de préparer le chemin du Messie. C'est lui d'ailleurs, en voyant venir Jésus qui l'indique à la foule : « voici l'Agneau de Dieu qui ôte le péché du monde » (*Jn* 1, 29). Et lorsqu'il confesse sa petitesse devant la grandeur du Messie : « Je ne suis pas digne de délier la courroie de ses souliers » (*Jn* 1, 27). Ayant reçu la mission de préparer la route du Seigneur, Jean Baptiste, dit le Précurseur, constitue la dernière parole de Dieu à son peuple dans l'optique de la venue du Messie. Il prépare donc le peuple à la plénitude de la Révélation lorsque Dieu se révèle enfin dans son Fils en montrant au monde son visage.

I.4- La plénitude de la Révélation en Jésus Christ

> « Dieu, qui, après avoir autrefois, à plusieurs reprises et de plusieurs manières, parlé à nos pères par les prophètes ; dans ces derniers temps, il nous a parlé par le Fils, qu'Il a établi héritier de toutes choses, par lequel il a aussi créé le monde » (*Hé* 1, 1-2)

Lorsque les temps furent accomplis, Dieu envoya son Fils (*Gal* 4,4) afin qu'il révèle au monde son visage. Ce visage qui fut caché au long des siècles et que personne n'a jamais vu (*Jn* 1, 18). En effet, le Dieu de l'Alliance est esprit, il est immortel et invisible (*1Tm* 1, 17). Dieu Lui-même dit à Moïse qu'il n'est pas donné à l'homme de Le voir : « tu ne peux pas voir ma face, car l'homme ne peut pas me voir et vivre » (*Ex* 33,20). Cependant, le Dieu de l'Ancienne Alliance qui a parlé à nos pères par les prophètes pendant tous les siècles, décide enfin, dans sa liberté, de révéler son visage. Pour ce faire, Il s'est fait homme dans son Fils Unique en s'incarnant dans le sein de la Vierge Marie.[79] Il a plu en effet, selon l'enseignement du Concile Vatican II, à Dieu dans sa bonté et sagesse de se révéler en personne et de faire connaître le mystère de sa volonté (*Ep* 1, 9) grâce auquel les hommes, par le Christ, le Verbe fait Chair, et dans l'Esprit Saint, accèdent au Père et ils sont rendus participants de la nature divine[80] (*Ep* 2, 18 ; 2 *P* 1, 4).

Le Concile enseigne dans la même Constitution sur la Révélation divine *Dei Verbum* que la vérité intime de toute la Révélation de Dieu

---

s'il était le Messie ou non. Devant l'égarement des gens, Jean Baptiste aurait bien pu profiter pour se faire passer pour le Christ, puisque tout le monde le reconnaissait tel. Mais il a préféré confesser sa petitesse aux gens en déclarant de n'être pas celui qu'ils pensent. Il est seulement la voix qui crie au désert. Il est venu pour préparer la route au Messie.

[79] Cf. CEC, N° 460.

[80] Cf. Concile Vatican II, *Dei Verbum*, Op. Cit., N° 2.

resplendit pour nous « dans le Christ, qui est à la fois le médiateur et la plénitude de toute la Révélation ».[81] L'histoire du salut nous indique, que Dieu, après la création, en dépit du péché et de l'arrogance de l'homme qui cherche à prendre dépendance de son Créateur, offre à nouveau la possibilité de son amitié à travers des Alliances, mais en particulier dans son Fils qu'Il établit comme Médiateur entre Lui et les hommes[82]. En effet, sur la médiation du Christ, l'Église sait et enseigne avec l'apôtre Paul que le Christ est l'Unique Médiateur entre Dieu et les hommes[83] (*1Tm*, 2, 5).

La Révélation de Dieu en Jésus-Christ est une réalité bien spécifique. Elle a son origine dans l'initiative de l'unique Dieu vivant de l'Ancienne Alliance qui sort de son mystère caché pendant des siècles pour intervenir dans l'histoire de l'humanité.[84] C'est le témoignage de ceux que Dieu Lui-même avait choisis : les Patriarches et les prophètes, et celui de son Fils qui a assumé la nature humaine et utilisé un langage propre aux hommes afin de leur exprimer l'amour du Père. L'humanité est parvenue à la Révélation au moyen des récits de l'Ancien et du Nouveau Testament qui en constituent les deux étapes. L'histoire de la Révélation à travers les prophètes apparaît bien visible dans l'Ancien Testament et influence aussi le message de l'Evangile.[85] Bien que le Nouveau Testament soit plus influencé par l'assumation de la chair par le Christ, mais la médiation de la Parole et du psychisme des Prophètes annonce déjà et représente l'économie de l'Incarnation.[86] De toute façon, on ne doit pas prétendre comprendre la Révélation chrétienne en ignorant l'histoire qui la précède, car c'est le rapport entre ces deux étapes de la Révélation qui fait l'unité et la totalité du mystère révélé.

---

[81] Cf. Ibid.

[82] Cf. BENOIT XVI, *Audience générale du mercredi 16 janvier 2013*, Place Saint Pierre, Cité du Vatican.

[83] Cf. JEAN PAUL II, *Redemptoris Mater*, Lettre encyclique sur « la Vierge Marie dans la vie de l'Église en marche », du 25 mars 1987, nn. 38-41, dans *DocCath.*, 84 (1987), pp. 399-402.

[84] Cf. RENE, LATOURELLE, « Révélation, Histoire Et Incarnation » *Gregorianum*, vol. 44, N° 2, 1963, pp. 225–262. *JSTOR*, dans URL : www.jstor.org/stable/23572643, site visité le 28 mai 2021.

[85] L'influence du message prophétique sur le Nouveau Testament s'explique, premièrement par le fait que les prophètes ont tous eu la mission d'annoncer le Messie dont le message domine tout le Nouveau Testament. Mais également par le fait que l'Ancien Testament est constamment cité en référence dans la prédication de Jésus Lui-même.

[86] Cf. Ibid.

I.4.1- Le mystère de l'Incarnation dans l'optique de la Révélation divine

Par le mystère de l'Incarnation, la Tradition chrétienne entend, le fait pour Dieu de s'incarner en assumant la nature humaine sans pour autant renoncer à sa divinité.[87] Dans l'Incarnation, le Fils de Dieu a volontairement revêtu un corps humain (*Jn* 1, 14 ; *Ph* 2, 7 ; *1Tm* 3, 16) : « Le Verbe s'est fait chair et il a habité parmi nous ». Le concept « Incarnation » est typiquement théologique et il ne figure pas dans la Bible. Il vient surtout du latin « Caro, carnis » qui signifie « chair ».[88] Le mystère de l'Incarnation traduit d'abord l'action par laquelle le Fils s'est dépouillé de sa gloire et de ses privilèges qui le font l'égal de Dieu pour rejoindre l'humanité, la « kénose[89] », en partageant en tout, la condition d'homme à l'exception du péché. Saint Paul, dans son épître aux Philippiens chante cette merveille de Dieu :

> « Le Christ Jésus, ayant la condition de Dieu, ne retint pas jalousement le rang qui l'égalait à Dieu. Mais il s'est anéanti, prenant la condition de serviteur, devenant semblable aux hommes. Reconnu homme à son aspect, il s'est abaissé, devenant obéissant jusqu'à la mort, et la mort de la croix. C'est pourquoi Dieu l'a exalté : il l'a doté du Nom qui est au-dessus de tout nom, afin qu'au nom de Jésus tout genou fléchisse au ciel, sur terre et aux enfers, et que toute langue proclame : « Jésus Christ est Seigneur » à la gloire de Dieu le Père » (*Ph* 2, -6-11).

L'Incarnation est donc un acte essentiellement divin. Elle se matérialise dans la conception miraculeuse du Fils de Dieu par l'Esprit Saint dans le sein de la Vierge Marie (*Lc* 1, 31-35 ; *Mt* 1,18-25). Par ce mystère humainement inexplicable, les deux natures *divine et humaine* sont unies sans confusion dans la personne de Jésus-Christ. Il est donc vrai Dieu (*Ph* 2, 6 ; *Col* 2, 9 ; *Jn* 1, 1 ; *Mt* 1, 23) et vrai homme[90] (*Ph* 2, 7 ; *1Tm* 2, 5 ; *1Cor* 15, 47). En s'abaissant jusqu'à la nature humaine, le Fils de Dieu n'a pas pour autant cessé d'être Dieu. Sa naissance dans le sein de la Vierge Marie est l'événement historique qui a

---

[87] Cf. Settimio, Cipriani, *Incarnazione*, dans Antonio M., Bozzone, *Dizionario ecclesiastico* (Dir.), Angelo, Mercati – Augusto, Pelzer, Op. Cit., Vol. II, p. 404.

[88] Cf. Bible-ouverte.ch, *L'Incarnation*, dans URL: https://www.bible-ouverte.ch/cours-formation-biblique/cours-credo-chapitre-2/1434-2-2-1-lincarnation.html, site visité le samedi 29 mai 2021.

[89] La kénose est une notion de la théologie chrétienne exprimée par un mot grec, κένωσις, « action de vider, de se dépouiller de toute chose » ; le sens de cette notion dans le christianisme s'éclaire par l'Épître de Paul aux Philippiens: « Lui qui est de condition divine, n'a pas revendiqué jalousement son droit d'être traité comme l'égal de Dieu. Mais il s'est dépouillé (ἐκένωσεν) lui-même, prenant condition d'esclave, et devenant semblable aux hommes. S'étant comporté comme un homme, il s'humilia plus encore, obéissant jusqu'à la mort, et à la mort sur une croix ! »

[90] Cf. *Catéchisme de l'Église Catholique*, N° 464.

rendu possible en Lui l'union des deux natures. En effet, né de Dieu, il est Dieu, et né de la Vierge Marie, il est également parfaitement homme et doué d'une volonté humaine.[91] L'enseignement de l'Église catholique montre que le mystère de l'Incarnation est le début de la réalisation des grands mystères qui conduisent au salut des hommes.[92] Le but de l'Incarnation en effet, est le salut de l'humanité.

Matériellement, l'origine de l'Incarnation se trouve d'abord dans le péché originel et elle traduit l'immense amour de Dieu envers la race humaine. En effet, après que le péché est entré dans le monde par la désobéissance des premiers parents *Adam et Eve*, il a séparé l'homme de son Créateur et le prive de la gloire de Dieu, ne pouvant plus le contempler ni dialoguer avec lui sinon à travers un intermédiaire. L'Incarnation constitue donc le second plan prévu par Dieu pour racheter sa créature du pouvoir du péché et de sa conséquence qui est la mort éternelle (*Rm* 6, 23). Le péché étant donc devenu le motif de la séparation de l'homme avec son Créateur. Jésus s'est incarné pour anéantir le péché et faire en sorte qu'il ne soit plus un motif de condamnation,[93] mais que par sa victoire sur le péché et la mort, l'homme ait la vie s'il accepte d'abandonner le péché pour entrer avec le Christ dans la gloire éternelle.

Avec la venue de Jésus, l'homme n'a plus peur d'un Dieu qu'il ne voit pas.[94] En se faisant homme, Dieu s'est familiarisé avec la famille humaine. En Jésus, il a donc montré la face miséricordieuse d'un Dieu-Père qui se fait proche et qui pardonne. Arrivé lorsque les temps furent accomplis (*Gal* 4,4), Jésus est venu pour compléter la Révélation de Dieu à l'humanité (*Jn* 1, 18). L'œuvre du Christ concernant la Révélation va bien au-delà de ce qu'il dit dans les évangiles. Le message des épitres et des lettres pastorales, jusqu'au livre de l'Apocalypse provient également du Christ, car il a été communiqué par l'Esprit Saint après que Jésus soit retourné vers son Père le quarantième jour qui suit sa Résurrection. Voulant préparer ses disciples à ce mystère de l'Ascension, Lui-même leur disait que l'Esprit aura à les accompagner dans

---

[91] Cf. JEAN-PAUL, ROUX, *Jésus*, Fayard, Paris 1989, p. 250.
[92] Cf. CEC., Op. Cit., N° 461.
[93] Cf. COMMISSION THÉOLOGIQUE INTERNATIONALE, *Le Dieu Rédempteur : Questions choisies*, du 29 novembre 1994, N° 2, dans *DocCath.*, 93 (1996), pp. 707-731.
[94] À l'appel de Dieu dans le jardin, Adam a répondu avoir entendu sa voix et qu'il a peur.

la compréhension de toute la Vérité qu'Il leur a révélée pendant sa vie terrestre.

I.4.2- La dernière étape de la Révélation en Jésus

Dans la Sainte Écriture, nous trouvons de façon explicite le sens de la vie et de la création qui trouvent leur accomplissement dans la relation de l'homme avec Dieu qui se réalise dans la venue de Jésus-Christ, dans le mystère de l'Incarnation. A travers la Révélation, Dieu entre dans l'histoire de l'humanité et marche à côté de chaque homme pour le porter à la maturité de la foi, à la plénitude de son être et à découvrir le sens de son existence.[95] Dans la Révélation, l'homme parvient à la conviction que Dieu est amour (*1Jn* 4, 8). Et c'est cet amour qui le pousse à sortir de Lui-même et créer l'univers afin que son amour puisse s'étendre à toutes les créatures.[96] Pour pouvoir étendre son amour dans l'univers, Dieu crée l'homme à son image et à sa ressemblance.

Du livre de la Genèse jusqu'au Nouveau Testament, l'histoire montre que Dieu a établi avec son peuple un rapport d'amitié à travers ses multiples interventions dans l'histoire sensible de l'humanité jusqu'à la plénitude des temps où il envoie son Fils unique comme dernière manifestation publique de sa personne. Ainsi, l'Église reconnaît et enseigne que le mystère de l'Incarnation, acte par lequel, le Fils de Dieu a pris chair de la Vierge Marie et s'est fait homme, constitue la dernière étape de la Révélation publique de Dieu. Pour mieux expliquer que la Révélation est complète et définitive avec la venue de Jésus, le *Catéchisme de l'Église Catholique* précise :

> « Du moment où Il nous a donné son Fils, qui est sa parole, Dieu n'a pas d'autre parole à nous donner. Il nous a tout dit à la fois et d'un seul coup en cette seule parole et il n'a rien de plus à dire ; car ce qu'Il disait par parties aux prophètes, Il l'a dit tout entier dans son Fils, en nous donnant ce tout qu'est son Fils. Voilà pourquoi celui qui voudrait maintenant l'interroger, ou désirerait une vision ou une révélation, non seulement ferait une folie, mais ferait injure à Dieu,

---

[95] Cf. STEFANO, CECCHIN, *Il significato delle apparizioni nella vita della Chiesa*, dans *La madre del Dio vivo a servizio della vita*, Atti del 12° Colloquio internazionale di mariologia, Santuario del Colle, Lenola (latina), 30 maggio-1°giugno 2002, (a cura di) ADRIANO, DI GESÙ – ENRICO, VIDAU, Ed. AMI, Roma 2005.
[96] Cf. Missel Romain, *Préface de la prière Eucharistique IV*.

en ne jetant pas les yeux uniquement sur le Christ, sans chercher autre chose ou quelque nouveauté ».[97]

La Bible, étant la mise par écrit des différents mystères entourant la vie publique de Jésus-Christ et de son ministère, est, d'une part, la prophétie qui annonce la venue du Messie dans le monde. D'autre part, elle est le témoignage de ceux qui ont vécu dans l'amitié du Seigneur ; ceux-là qui ont été les témoins privilégiés des mystères qu'il a révélés à l'humanité. La Bible renferme donc, la totalité de la Révélation divine. Ainsi, l'Église atteste et enseigne que la Révélation divine est complétée avec la mort du dernier apôtre, auteur du livre de l'Apocalypse, qui rapporte un grand nombre de révélations de Dieu à l'apôtre. Aucune autre révélation de Dieu n'est à attendre jusqu'à la manifestation du Christ dans la gloire.[98] Puisque Dieu a tout dit dans le Christ, c'est-à-dire en lui, il s'est révélé définitivement, la Révélation est donc conclue avec le mystère public du Christ qui se trouve condensée dans les livres de l'Ancien et du Nouveau Testament.

I.4.3- Les révélations privées

Si l'événement du Christ constitue la dernière étape de la Révélation divine, elle n'est pas pour autant complètement explicite avec le mystère du Christ. Il reste à la foi chrétienne de saisir graduellement toute la portée de la Révélation divine au cours des siècles.[99] La Révélation étant l'acte par lequel Dieu se communique à l'homme, elle se réalise de deux manières. On distingue en effet, la Révélation immédiate et celle dite médiate. Dans la première, Dieu se communique directement à l'homme (l'Incarnation) une fois pour toutes. Dans la deuxième, il utilise un ou plusieurs médiateurs. Cette deuxième manière de la Révélation est très connue dans l'Ancien Testament avec les prophètes qui annoncent les merveilles du Créateur. Aussi, dans le Nouveau Testament, la figure de la médiation est rendue visible tant dans le ministère de Jésus, mais encore dans la prolongation de son ministère à travers ceux qu'Il a appelés à sa suite pour continuer à offrir le sacrifice en sa mémoire.

---

[97] CEC., Op. Cit., N° 65
[98] Cf. CEC., Op. Cit., N° 66.
[99] Cf. Ibid.

La notion des révélations privées vient surtout clarifier la question des apparitions et des multiples révélations faites à des personnes au long de l'histoire du christianisme. En effet, s'il est clair que l'événement du Christ est la dernière étape de la Révélation divine, il faut bien remarquer qu'à côté de la grande Révélation publique que le Christ a achevée, il y a aussi les manifestations privées de la divinité sous de multiples formes. La différence entre la Révélation publique et les révélations privées est que la première est celle que Dieu a adressée à toute l'humanité, comme objet de la foi universelle. Elle a son origine dans l'apparition de l'homme dans l'histoire du monde et elle a son fondement dans la vocation d'Abraham et dans les Alliances conclues entre Dieu et les Patriarches jusqu'à l'événement du Christ qui est en même temps Médiateur et plénitude de la Révélation.[100] Pour la foi chrétienne, il n'aura pas d'autres révélations publiques de Dieu.

Pour ce qui est des révélations privées cependant, la notion se réfère à toutes les visions et les révélations qui se sont vérifiées et qui continuent à se manifester après la conclusion du Nouveau Testament.[101] L'enseignement de l'Église est clair en affirmant à propos des révélations privées :

> « Au fil des siècles, il y a eu des révélations dites « privées », dont certaines ont été reconnues par l'autorité de l'Église. Elles n'appartiennent cependant pas au dépôt de la foi. Leur rôle n'est pas d'améliorer ou de compléter la Révélation définitive du Christ, mais d'aider à en vivre plus pleinement à une certaine époque de l'histoire. Guidé par le Magistère de l'Église, le sens des fidèles sait discerner et accueillir ce qui dans ces révélations constitue un appel authentique du Christ ou de ses saints à l'Église. La foi chrétienne ne peut pas accepter des « révélations » qui prétendent dépasser ou corriger la Révélation dont le Christ est l'achèvement ».[102]

Les révélations privées ne sont pas adressées à toute l'humanité, comme c'est le cas pour la Révélation publique et elles n'ont pas la même valeur salvifique. Elles n'engagent pas la foi de l'Église entière même lorsqu'elles sont en harmonie à la foi universelle. Ainsi, si un fidèle n'adhère pas au contenu d'une révélation privée, cela ne compromet pas son salut

---

[100] Cf. CONCILE VATICAN II, *Dei Verbum*, Op. Cit., N° 7.
[101] Cf. P. LARGO, "Hagiofanias marianas y revelación cristiana", dans *Ephemerides Mariologicae* 37 (1987) 281-322.
[102] CEC., Op. Cit., N° 67.

dans le Christ.[103] En effet, comme le soutient saint Thomas d'Aquin, la foi chrétienne s'appuie sur la Révélation faite aux prophètes et aux apôtres qui ont écrit les livres canoniques, et non sur une quelconque révélation privée qui a été faite à quelques autres personnages de l'histoire.[104] Lorsque Jésus parle à ses disciples de la future fonction de l'Esprit Saint qu'Il leur enverrait du Père, Il a en quelque sorte clarifié la fonction des révélations privées après la sienne. Il dit en effet :

> « J'ai encore beaucoup de choses à vous dire, mais elles sont encore trop lourdes à porter pour vous. Quand l'Esprit de vérité sera venu, il vous conduira dans la vérité tout entière, car il ne parlera pas de lui-même, mais tout ce qu'il aura entendu, il le dira, et il vous annoncera les choses à venir. Il manifestera ma gloire, car il puisera dans ce qui est à moi et vous l'annoncera » (*Jn* 16, 12-14).

La mission de l'Esprit Saint n'est donc pas de compléter ce que Jésus a fait et dit pendant sa mission terrestre, mais plutôt de guider les disciples dans la doctrine. L'Esprit Saint aidera les disciples à mieux comprendre et pénétrer le mystère et à y demeurer. Au long de son ministère sur la terre, Jésus a tout fait et il a tout dit. La dernière expression qu'il a lancée avant de remettre son âme au Père en est la preuve : « Tout est accompli » (*Jn* 19, 30). L'expression en soi a le sens d'un compte rendu à celui qui l'a envoyé, et elle signifie que Jésus a accompli la mission pour laquelle Il était envoyé dans le monde, la mission de sauver l'humanité par son Sacrifice sur la croix. Il revient maintenant à l'homme de répondre à son appel et de demeurer dans la doctrine du salut avec l'aide de l'Esprit Saint jusqu'au retour du Seigneur.

1.5- La réponse de l'homme à la Révélation divine

Après que Dieu s'est révélé à l'homme dans la création et dans de multiples interventions dans l'histoire du peuple d'Israël, l'homme répond à Dieu dans la foi.[105] Dans les différents articles du symbole de la foi, le chrétien professe sa foi en un Dieu UN et TRINE. C'est dans la foi que l'homme accueille la Révélation de Dieu. La foi de l'homme, bien que soutenue par l'Esprit Saint,

---

[103] Cf. STEFANO, CECCHIN, *Il significato delle apparizioni nella vita della Chiesa*, dans *La madre del Dio vivo a servizio della vita*, Op. Cit.
[104] Cf. THOMAS D'AQUIN, *Summa Theologiae*, I, 1, 8, 2m.
[105] Cf. CEC, N° 142.

est un acte humain[106] qui met en œuvre l'intelligence et la volonté de l'homme,[107] un acte qui nous appartient et en même temps qui nous dépasse, car la foi est aussi et surtout une grâce.[108] C'est une grâce de laquelle, l'homme est le destinataire, mais qui doit être grandie et nourrie grâce à l'écoute de la Parole de Dieu et la prière.

La foi établit l'homme dans une relation d'amour et de confiance avec Dieu, Père, Fils et Esprit Saint.[109] Elle témoigne que la personne accueille en son expérience et dans sa vie, l'œuvre que Dieu accomplit depuis les origines,[110] jusqu'à la venue de Jésus-Christ, son Verbe incarné, qui a épousé la condition humaine en se dépouillant Lui-même de sa gloire pour partager l'expérience des hommes de la naissance à la mort (*Ph* 2, 6-8). L'histoire de la Création nous est racontée au livre de la Genèse, et depuis, Dieu ne cesse de se révéler, mais l'histoire ne suffit pas pour fonder la foi du peuple. Il a fallu les multiples interventions de Yahvé dans l'histoire (la manne dans le désert, la libération de l'Égypte, l'Alliance conclue sur le mont Sinaï, etc.) pour porter le peuple à croire en un Dieu Libérateur et Tout-Puissant. Donc, la foi en Dieu est basée d'abord sur les expériences concrètes du peuple avec Dieu, et cette expérience du peuple avec Dieu le porte surtout à se rendre compte que le même Dieu de la libération est aussi celui de la création. La foi constitue donc l'acte par lequel l'homme répond à la Révélation divine.

Par la foi, l'homme répond à Dieu. Dans les formules de la foi, nous disons : « Je crois en Dieu ». En professant sa foi en Dieu, l'homme s'abandonne totalement à son Créateur.[111] Que serait la foi sinon un acte d'abandon total dans la confiance ? Elle constitue ainsi une orientation de toute l'existence humaine, une décision fondamentale ayant des effets dans tous les domaines de la vie de l'homme, et elle ne se réalise que si elle est soutenue par toutes les forces de notre existence. Par conséquent, la foi ne constitue pas seulement un processus de l'intellect, ni un acte de volonté proprement parlé, ou affectif, mais elle est un tout dans son ensemble. La foi est la réponse à une Parole qui

---

[106] Cf. CEC, N° 154.
[107] Cf. CEC, N° 143.
[108] Cf. CEC, N° 153.
[109] Cf. CEC, N° 154.
[110] Cf. CONGREGATION POUR LA DOCTRINE DE LA FOI, *Dominus Jesus*, Op. Cit., N° 7.
[111] Cf. CEC, N° 143.

interpelle personnellement, à un Toi qui appelle l'homme par son nom;[112] elle est surtout liée à l'écoute, car Abraham ne voyait pas Dieu, mais en écoutant sa voix, il obéit et devient le père dans la foi de tous ceux qui écoutent la voix du Seigneur.[113]

La foi favorise la rencontre de chaque croyant avec Dieu en Jésus – Christ dans son Église. Elle est la clé qui permet d'expérimenter la présence de Dieu dans la vie quotidienne.[114] En effet, la connaissance des mystères divins qui caractérise la foi n'est pas accordée aux seuls efforts de l'intelligence humaine. Ce n'est ni une intuition naturelle, ni une déduction logique à partir de la Création. Il ne s'agit pas d'un pur savoir sur Dieu. Il s'agit alors de connaître Dieu dans une rencontre personnelle qui porte à partager son intimité.[115] Les personnes ne se connaissent vraiment que dans une mutuelle démarche de l'une vers l'autre qui porte sur une ouverture réciproque. C'est ainsi que Dieu a voulu se faire connaître à l'homme. Il se révèle à lui, et dans la foi, l'homme s'ouvre à Lui en retour.

La réponse de l'homme constitue le premier fruit de la Révélation divine. La Révélation paraît alors comme un appel de Dieu auquel l'homme répond de façon spontanée au point que sa réponse consiste en une totale confiance dans le Créateur. Le fait de s'abandonner à Dieu comme Maître de son destin, l'homme devient un confident de son Créateur. Grâce à cet acte de foi par lequel, il s'en remet à Dieu, l'homme vit dans la présence de Dieu en tant que la créature qui reconnaît sa dépendance de son Créateur, et sa foi le fait espérer de rencontrer Dieu dans sa clarté et partager sa vie heureuse dans la mesure où il demeure dans sa présence pendant son existence ici-bas. C'est pourquoi, la foi personnelle a besoin des autres pour grandir. La foi a donc besoin de la communauté pour s'épanouir.

1.5.1- Croire en Église

De par sa nature, la foi est l'accueil d'une vérité que notre intelligence ne peut atteindre seule, elle repose de façon simple et indispensable sur le témoignage. Ainsi, la foi, bien que toute personnelle, a besoin d'être vécue avec

---

[112] Cf. FRANÇOIS, *Lumen Fidei*, Op. Cit., No 39.
[113] Cf. FRANÇOIS, *Lumen Fidei*, Op. Cit., No 8.
[114] Cf. BENOÎT XVI, *Porta Fidei*, Lettre apostolique en forme de *Motu proprio* par laquelle est promulguée "l'Année de la foi" du 11 octobre 2012, N° 1., dans *AAS* 105 (2013) pp. 555-596.
[115] Cf. BENOÎT XVI, *Porta Fidei*, idem.

les autres.[116] La raison fondamentale est que l'amour rayonne, qu'il se partage. L'amour de Dieu qui m'habite est donné à tous mes frères humains. Il est donc normal que, partageant le même amour, nous ayons à le vivre ensemble, que partageant la même relation, nous ayons besoin les uns des autres pour connaître celui avec qui nous avons lié cette relation. Étant enfants spirituels d'un même Père, il est légitime d'avoir un espace commun pour connaître notre Dieu et répondre à son invitation.[117] Voilà donc la place de l'Église dans l'accroissement et l'épanouissement de la foi chrétienne. Elle ne se substitue pas au croyant, elle ne dit pas « je crois » à sa place. Mais elle intervient à deux niveaux : quand je dis « je crois », je ne le dis jamais seul, mais en Église et avec l'Église, c'est-à-dire dans une profonde communion avec les autres croyants.[118] Ma foi est soutenue par celle de mes frères.

On ne croit pas seul, mais en Église,[119] tout comme nul n'est venu seul à l'existence. L'Église est donc comme une mère qui précède notre foi et qui nous engendre à celle-ci.[120] Nul ne peut prétendre, en effet d'avoir Dieu pour Père, s'il n'a pas l'Église pour Mère, nous indique st Cyprien (+258)[121]. La foi chrétienne prend sa source dans le témoignage, témoignage d'abord des premiers chrétiens, puis de nombreux hommes et femmes qui ont trouvé dans leur foi un sens à leur vie. Mais un témoignage n'a de portée que si celui qui le reçoit se l'approprie, fait l'expérience personnelle de la transformation qu'il opère en lui.

Nous croyons donc ce que Dieu dit, ce que Jésus nous révèle et ce que l'Église proclame et enseigne[122]. La foi est essentiellement ecclésiale, puisque le Corps du Christ qui est l'Église est parmi nous. Nul ne peut donc adhérer valablement au Christ si ce n'est « en Église ». Ce qui ne signifie pas que l'Église s'interpose entre le Christ et l'humanité comme un écran, mais au contraire, elle rend possible une rencontre personnelle avec Dieu, elle est le « milieu » fécondé par l'Esprit Saint, le sein maternel où par la foi et les sacrements, en premier lieu le Baptême, nous naissons à Dieu en Jésus Christ. Aussi faut-il

---

[116] Cf. BENOIT XVI, *Porta Fidei*, Op Cit., N° 10.

[117] Cf. FRANÇOIS, *Lumen Fidei*, Lettre encyclique sur « La lumière de la foi », du 29 juin 2013, N° 40, dans *AAS* 105 (2013), pp. 555-596.

[118] Cf. BENOIT XVI, *Porta Fidei*, Op Cit., N° 10.

[119] Cf. FRANÇOIS, *Lumen Fidei*, N° 39.

[120] Cf. FRANÇOIS, *Lumen Fidei*, N° 37.

[121] *De Catholicae Ecclesiae unitate*, 7, dans *Corpus Christianorum Series Latina* III/1, 254-255.

[122] Cf. BERNARD, HÄRING, *La loi du Christ, la vie en communion avec Dieu*, Desclée et Cie, Paris 1961, p. 38.

affirmer que la foi suppose d'abord l'adhésion à l'Église,[123] et c'est elle qui inaugure la vie ecclésiale.[124] Cela signifie entre autres, que le salut de l'homme vient du Christ-Chef à travers l'Église qui est son corps[125].

L'Église vit pour transmettre la Bonne Nouvelle du Royaume de Dieu, pour faire connaître et aimer le Christ, pour inviter les hommes et les femmes de tous les pays et de toutes les générations à marcher à la suite du Christ. C'est là sa principale raison d'être.[126] Et c'est dans cette vocation essentielle de l'Église que se trouve la responsabilité propre du ministère épiscopal: la transmission de la foi.[127] L'Église est la gardienne de notre foi en Jésus Christ. Après avoir choisi les soixante-douze disciples, Il les a envoyés deux par deux dans toutes les villes et endroits où il devait aller. Il leur disait ensuite : « celui qui vous écoute, c'est moi qu'il écoute ; et celui qui vous rejette, c'est moi qu'il rejette, et celui qui me rejette, rejette celui qui m'a envoyé » (*Lc.* 10, 1-16). La sainte Église nous instruit dans la foi que nous avons reçue avec le Baptême. De cette foi, l'Église est donc gardienne et éducatrice et c'est en son nom que ses ministres nous l'annoncent. Jésus Christ, ayant conféré à l'Église le pouvoir de nous instruire en disant à ses Apôtres : « Allez dans le monde entier, portez la Bonne Nouvelle à toute la Création » (*Mc.* 16, 15); c'est Lui-même, notre Maître et Seigneur qui nous instruit à travers l'Église, ce que le Christ Lui-même a confirmé en s'identifiant à ses envoyés: «Celui qui vous écoute, c'est moi qu'il écoute».

L'Église a de façon brève, résumé l'importante doctrine de notre foi dans le Symbole des Apôtres qui est la profession des principaux mystères et d'autres vérités que Dieu a révélées à travers le Christ et les Apôtres et que l'Église tient à enseigner :

---

[123] Cf. BENOIT XVI, *Porta Fidei*, Op Cit., N° 10.

[124] La vie ne suit pas nécessairement l'ordre logique de ces implications, à savoir : l'Église, Jésus, Dieu. « L'un commence par croire au Père ; peut-être sans savoir qu'il ne possède ce Père que grâce au Fils. Pour lui, la foi, c'est tout simplement d'être sous la garde du Père. A partir de là, sa foi se développera et découvrira peu à peu les autres visages de Dieu. Une autre rencontre d'abord le Christ, sa figure dans l'histoire, sa parole dans l'Écriture, et le Christ le conduira vers le Père et l'Esprit. Un troisième enfin est frappé d'abord par les œuvres de l'Esprit, la physionomie des saints, la voix de l'Église. Dans tout cela, il n'y a pas de lois. Dieu a donné à chacun une nature et un destin particulier, et il appelle chacun comme Il veut ».

[125] Cf. *Lumen Gentium*, Constitution dogmatique sur « l'Église dans le monde de ce temps » du 21 novembre 1964, N° 14, dans *AAS* 57 (1965), pp. 5-67.

[126] Cf. RAYMOND, CENTENE, *Le catéchisme expliqué*, Artège, Perpignan (France) 2012², p. 23.

[127] Cf. Ibidem.

Je crois en Dieu, le Père Tout-Puissant, Créateur du ciel et de la terre.
Et en Jésus Christ, son Fils Unique, notre Seigneur, qui a été conçu du Saint Esprit,
est né de la Vierge Marie, a souffert sous Ponce Pilate, a été crucifié, est mort et a
été enseveli, est descendu aux enfers ;
Le troisième jour est ressuscité des morts, est monté aux cieux, est assis à la droite
de Dieu le Père Tout-Puissant, d'où il viendra juger les vivants et les morts.
Je crois en l'Esprit Saint, à la sainte Église catholique, à la communion des saints, à
la rémission des péchés, à la résurrection de la chair et à la vie éternelle. Amen !

La foi de l'Église se trouve encore résumée de façon plus brève dans le sacré signe de la croix, de laquelle les chrétiens catholiques se signent pour exprimer leur reconnaissance dans la croix comme symbole et début de la vie dans le Christ. En faisant le signe de la croix, nous professons notre foi en Dieu le Père, le Fils et l'Esprit Saint et en même temps nous déclarons reconnaître notre rédemption à travers la mort du Christ sur la croix.

Beaucoup de chrétiens catholiques ne se signent[128] plus de la croix quand ils sont dans les rues ou en public, c'est malheureux. Ils ont peur d'être pris en dérision par ceux qui ignorent la signification de ce noble geste. Autrefois les fidèles catholiques se faisaient distinguer même dans les camionnettes, quand, en passant devant une Église catholique, ils se signèrent de la croix. Car le geste exprime une conscience chrétienne, sachant que le Christ Jésus est présent dans le Saint Sacrement qui est gardé dans le Tabernacle à l'intérieur de l'Église. Le signe de la croix demeure donc un geste sacré qui garde toute sa valeur doctrinale. Le fait de se signer en public exprime une ferme conviction et la joie d'appartenir à l'Église du Christ qui reconnaît sa rédemption dans la passion du Christ sur la croix.

Le signe de la croix est donc un geste rituel qui identifie le chrétien. Il consiste à porter deux ou trois doigts de la main droite sur son front, sur sa poitrine, puis d'une épaule à l'autre (de gauche à droite pour les catholiques et les Orthodoxes le font à l'inverse, de l'épaule droite à gauche) en prononçant les paroles : « *Au nom du Père et du Fils et du Saint Esprit. Amen* ». La croix étant devenue le symbole par excellence de la passion du Christ, se signer d'elle est un acte de foi qui signifie que ce fidèle s'en remet à la Rédemption du Christ dans le mystère de la Sainte Trinité. Le geste appartient au christianisme et remonte déjà au IIème siècle de l'histoire chrétienne. Il est commun au

---

[128] Dans la langue française, le verbe pronominal « se signer » est utilisé uniquement pour ce geste particulier.

catholicisme et aux églises orthodoxes alors que les protestants le pratiquent timidement.

La doctrine complète de l'Église est transmise aux enfants de Dieu dans le Magistère ecclésiastique que les parents et les catéchistes ont l'heureux devoir d'enseigner aux enfants dès leur plus jeune âge.[129] C'est seulement grâce au témoignage et à l'enseignement des autres que l'on devient chrétien pour qu'à son tour, l'on arrive à professer sa foi. Ce cheminement commence généralement dans le catéchisme pour la première communion qui porte l'adolescent vers la célébration de sa foi dans la liturgie en s'approchant de l'autel du Seigneur pour communier à sa vie avec le vœu d'y demeurer. La célébration de la première communion constitue une étape majeure dans le cheminement vers la communion avec le Christ. Elle est l'achèvement d'une première étape de catéchisme, une sorte de maturité est donc espérée.

Conclusion

Le Fils unique de Dieu, Jésus-Christ constitue le seul Chemin qui mène à la connaissance du Père : « Personne non plus ne connaît le Père, si ce n'est pas le Fils et celui à qui le Fils veut Le révéler » (*Mt* 11, 27). En tant que tel, il est venu dans le monde pour révéler aux hommes la face du Père et leur montrer la route qui conduit à la contemplation de sa gloire. Pendant sa vie terrestre, il a vécu en pareille condition à tous les hommes, sauf dans le péché. Il leur a annoncé la Bonne Nouvelle. La mission du Christ sur la terre fut marquée par la collaboration de ceux qu'Il a choisis et établis disciples et apôtres. Après la Résurrection, il continue de marcher à côté de ses disciples, mais il enseigne surtout la doctrine du salut pour qu'ils puissent être dans le monde la prolongation de sa mission.

A la fin de sa mission sur la terre en effet, comme envoyé du Père, il commande à ses disciples de la continuer dans le monde. Il leur a donné les mêmes pouvoirs qu'Il a reçus du Père :

> « Le soir de ce jour, qui était le premier de la semaine, les portes du lieu où se trouvaient les disciples étant fermées, à cause de la crainte qu'ils avaient des Juifs, Jésus vint, se présenta au milieu d'eux, et leur dit : La paix soit avec vous ! Et quand il eut dit cela, il leur montra ses mains et son côté. Les disciples furent dans la joie en

---

[129] Cf. FRANÇOIS, *Lumen Fidei*, Lettre Encyclique, Op. Cit., No 40.

voyant le Seigneur. Jésus leur dit de nouveau : La paix soit avec vous ! Comme le Père m'a envoyé, moi aussi je vous envoie. Après ces paroles, il souffla sur eux, et leur dit : Recevez le Saint Esprit. Ceux à qui vous pardonnerez les péchés, ils leur seront pardonnés ; et ceux à qui vous les retiendrez, ils leur seront retenus », (*Jn* 20, 19-23).

Après sa mission, Jésus est retourné au ciel, mais il a voulu que sa mission continue dans celle des apôtres.[130] Ceux-ci, ayant reçu de Lui la doctrine du salut, ont la mission de conduire tous les hommes au Christ en annonçant son message à tous les coins de la terre et en enseignant à tous de faire ce que le Christ Lui-même leur a commandé: « Allez, faites de toutes les nations des disciples, les baptisant au nom du Père et du Fils et du Saint Esprit et enseignez-leur à observer tout ce que je vous ai prescrit. Et voici, je suis avec vous tous les jours, jusqu'à la fin du monde » (*Mt* 28, 19-20). Ainsi, sur la foi et le travail des apôtres, Jésus a donc fondé l'Église pour qu'elle soit la lumière des peuples et étant dans le Christ, qu'elle soit à la fois le signe et le moyen de l'union intime avec Dieu et de l'unité de toute la race humaine.[131]

---

[130] Cf. CONGREGATION POUR LA DOCTRINE DE LA FOI, *Dominus Jesus*, Op. Cit., N° 1.
[131] Cf. CONCILE VATICAN II, *Lumen Gentium*, Constitution dogmatique sur « l'Église dans le monde de ce temps », du 21 novembre 1964, N° 1, dans *AAS* 57 (1965), pp. 5-67.

CHAPITRE DEUXIEME

L'Église

II.1- L'Église, itinéraire de salut dans le Christ et par le Christ

Un sujet qui traite de l'Église se doit d'être aussi vaste qu'autant de manières qu'on cherche à la définir tant sur le plan spirituel et institutionnel que sur le plan anthropologique et social. En effet, chaque définition traduit une manière différente ou rapprochée de comprendre cette réalité qu'est l'Église. Nombreuses sont les expressions, les unes plus explicites que les autres, qui aident à comprendre l'Église dans ses multiples dimensions. Dans la littérature néotestamentaire et par la suite, même dans la théologie commune des religions, on parle de l'Église comme étant le Corps mystique du Christ,[132] c'est-à-dire l'ensemble des baptisés et des justes de toutes les nations et à toutes les époques de l'histoire de l'humanité. Cette définition qui désigne l'Église comme Corps du Christ apparaît surtout dans l'enseignement de l'apôtre Paul qui affirme : « Dieu a constitué le Christ la Tête de toute l'Église. L'Église est Corps du Christ, la plénitude de sa présence et de son action »[133] (*Ep* 1, 22-23).

La définition de l'Église comme Corps du Christ permet de mieux saisir certaines dimensions de sa réalité qui portent à voir en elle un itinéraire sûr vers la connaissance et à l'amour de Dieu. En effet, le premier chapitre de cet ouvrage porte sur la personne et la mission de Jésus, le Fils unique de Dieu comme unique chemin vers la connaissance du Père. Mais si l'Église est un corps et que sa Tête est le Christ, cela signifie que l'Église participe de ce qu'est le Christ et de sa mission pour l'humanité.[134] Car l'Église ne s'est pas séparée de son Christ dont elle est le prolongement de la mission.[135] Une analogie avec le corps humain (toutes les parties comprises) pourrait mieux aider à comprendre que l'Église en tant que corps ne s'est pas séparée de sa Tête qu'est

---

[132] Cf. Pie XII, *Mystici Corporis Christi*, Op. Cit., N° 1.
[133] Cf. Congregation pour la doctrine de la foi, *Dominus Jesus*, Op. Cit., N° 16.
[134] Cf. Ibid.
[135] Cf. Jean Paul II, *Christifideles Laici*, Op. Cit., N° 14.

56

le Christ.[136] Donc la mission du Christ est aussi celle de l'Église. Ainsi, si la mission principale du Christ était celle de révéler au monde la face du Père par le mystère de son Incarnation (chapitre premier) et annoncer aux hommes la Bonne Nouvelle du salut de Dieu, c'est cette même mission qu'Il a confiée à son Église avant Ascension : « Allez, faites de toutes les nations des disciples, les baptisant au nom du Père, du Fils et du Saint Esprit, et enseignez-leur à observer tout ce que je vous ai prescrit. Et voici, je suis avec vous tous les jours, jusqu'à la fin du monde » (*Mt* 28, 19-20).

Les quarante jours que Jésus a passés sur la terre après sa Résurrection se sont épuisés dans la fondation de l'Église afin de pérenniser sa mission même après qu'il n'y soit plus. Le Christ, par le mystère de la Rédemption est l'auteur du salut de l'humanité : « Il n'y a pas de salut en aucun autre, car il n'y a pas sous le ciel aucun autre nom qui ait été donné parmi les hommes, par lequel nous devions être sauvés » (*Ac* 4, 12). S'enracinant dans le Christ, l'Église est le sacrement du salut pour tous les peuples de la terre.[137] En effet, héritière des promesses divines et fille d'Abraham selon l'Esprit, à travers le peuple d'Israël dont elle garde avec amour les écrits et vénère les Patriarches et les Prophètes, l'Église, nouveau peuple de Dieu, a la mission de garder, d'enseigner, d'expliquer et de diffuser la vérité que Dieu a manifestée de manière voilée par les prophètes et pleinement en Jésus-Christ.[138] L'Église constitue donc dans le Christ, une médiation qu'il faut comprendre et accepter pour parvenir à la connaissance du Père en vue du salut éternel.

II.2- La médiation de l'Église dans l'itinéraire vers la connaissance de Dieu

Le thème « médiation » est très populaire en tant qu'il fait partie du quotidien de l'humanité dans presque tous les domaines de la vie courante. Elle traduit généralement une technique procédurale de solution des conflits par laquelle des personnes opposées par un différend, ou qui souhaitent en prévenir l'arrivée, tentent de parvenir à une solution transactionnelle en utilisant les bons offices d'une personne dite « médiateur ».[139] La médiation dans le contexte de la mission de l'Église au milieu des hommes a aussi le

---

[136] Cf. Ibid.
[137] Cf. CONCILE VATICAN II, *Lumen Gentium*, Op. Cit., N° 1.
[138] Cf. FRANCO, AMERIO, *La dottrina della fede, Dogma, morale, spiritualità*, Edizioni Ares, Milano 1982, p. 166.
[139] Cf. LE ROBERT, « *Médiation* », dans URL:< https://www.lerobert.com/google-dictionnaire-fr?param=m%C3%A9diation>, site visité le premier juin 2021.

même sens. En effet, le Christ est le Médiateur entre Dieu et les hommes avec la fonction de les réconcilier après que le péché les ait séparés.[140] Ce n'est que dans le cadre de la fonction médiatrice du Christ que l'Église est médiatrice du salut. Le fait que le Christ est l'Unique Médiateur n'exclut pas, mais suscite au contraire de collaborations à sa médiation.[141] Ainsi, pour comprendre la mission de l'Église en tant que médiatrice du salut,[142] il faut nécessairement partir de sa double dimension comme réalité visible et invisible, et comme étant un Corps mystique et institutionnel qui a son fondement dans la communion avec la très Sainte Trinité.

L'Église est une réalité mystique par le fait qu'elle s'enracine dans le Christ et demeure en communion avec la Sainte Trinité de laquelle, elle tire son unité,[143] mais elle est aussi une réalité visible au sein de laquelle, le peuple de Dieu se retrouve et opère à la louange de sa gloire.[144] L'Église exerce sa fonction de médiatrice en continuité avec la mission du Christ, Unique Médiateur entre Dieu et les hommes (*Ph* 2, 6-7; *2Tm* 2, 5). Depuis le début de l'histoire, les communautés chrétiennes ont bien approfondi la doctrine de la médiation de l'Église et les disciples ont surtout compris qu'ils ont été envoyés par le Christ non seulement pour Le rendre présent partout dans la célébration du mémorial de sa Passion : « Faites ceci en mémoire de moi » (*Lc* 22, 19), mais surtout pour être instruments de son salut pour le monde entier.[145] Les paroles de Jésus à ses disciples éclairent mieux le sens de cette mission :

> « Vous êtes la lumière du monde. Et l'on n'allume pas une lampe pour la mettre sous le boisseau, mais bien sur le lampadaire, où elle brille pour tous ceux qui sont dans la maison. Ainsi, votre lumière doit briller devant les hommes afin qu'ils voient vos bonnes œuvres et glorifient le Père qui est dans les cieux » (*Mt* 5, 14-16).

Ce passage de l'Évangile de Matthieu laisse passer la mission de l'Église qui doit faire en sorte que tout le monde soit éclairé par la lumière de

---

[140] La première conséquence du péché c'est qu'il sépare l'homme de Dieu. Ainsi, la conséquence du mystère pascal est la victoire du Christ sur le péché et sur la mort pour que le péché ne soit anéanti et ne soit plus un motif de séparation entre Dieu et ses créatures.

[141] Cf. CONGREGATION POUR LA DOCTRINE DE LA FOI, *Dominus Jesus*, Op. Cit., N° 14.

[142] Cf. VINCENT, GUIBERT, *A l'ombre de l'Esprit*, Parole et Silence, Paris 2009, p. 91.

[143] Cf. CONCILE VATICAN II, *Lumen Gentium*, Op. Cit., N° 4.

[144] Cf. Id., N°8

[145] Cf. CONCILE VATICAN II, *Sacrosanctum Concilium*, Constitution dogmatique sur « la Sainte Liturgie », du 14. 12. 1963 N° 6, dans *AAS* 56 (1964), pp. 97-134.

l'Évangile. En effet, selon une interprétation de Rudolf Schnackenburg,[146] les paroles de Jésus ne s'adressent pas directement aux disciples en tant qu'ils sont eux-mêmes la lumière, mais qu'ils doivent faire connaître la lumière à travers la proclamation de l'Evangile.[147] Le mot « lumière » dans la Bible se réfère à la Parole de Dieu, la Parole qui s'est faite chair (*Jn* 3, 19). Ainsi, dans le texte de Matthieu, Jésus utilise la métaphore de la lumière pour indiquer la mission de l'Église comme porteuse de cette lumière. Les disciples sont donc concernés par les paroles de Jésus, en tant qu'ils sont éclairés par la lumière et l'enseignement de leur Maître, que leur vie soit un témoignage pour le monde. Que la lumière du Christ brille en eux afin que par leur témoignage, tous ceux qui ignorent le Christ et son Évangile parviennent, grâce à leur témoignage à s'adhérer à la sainte doctrine et à la connaissance de son salut.

Le thème de la médiation dans la mission de l'Église nous porte en outre, au cœur du désir de Jésus-Christ d'instituer l'Église comme sacrement et instrument de réconciliation[148] avec ceux qu'Il a choisis comme ministres. En effet, comme le rapporte l'Évangile de Matthieu, au début de son voyage vers Jérusalem, Jésus s'informe auprès de ses disciples sur l'opinion de la société à son sujet. Les disciples répondent en apportant les diverses opinions qui surgissent dans le peuple. Ensuite, Il les interroge sur ce qu'ils disent eux-mêmes de Lui. Et Pierre exclame : « Tu es le Christ, le Fils du Dieu vivant » (*Mt* 16, 15-17). A ces mots, Jésus déclare Pierre heureux, car il ne parle pas de son intelligence humaine, mais que le Père le lui a révélé et l'Église est donc fondée sur cette foi de Pierre illuminée par la révélation du Père :

> « Tu es Pierre, et sur cette pierre je bâtirai mon Église ; et la puissance de la mort ne l'emportera pas sur elle. Je te donnerai les clefs du Royaume des cieux : tout ce que tu auras lié sur la terre, sera lié dans les cieux, et tout ce tu auras délié sur la terre sera délié dans les cieux » (*Mt* 16, 13-18).

De cet événement particulier de la vie terrestre de Jésus, trois facteurs sont entrés en communion, à savoir : la mission salvifique de Jésus, sa mort et l'Église. Ces trois facteurs se projettent dans un futur relatif où ils se succèdent pour la continuité. En effet, l'Église n'existait pas encore et même après, elle ne

---

[146] Rudolf Schnackenburg (5 janvier 1914 – 28 août 2002) fut un théologien, bibliste et prêtre catholique de nationalité allemande. Selon Joseph Ratzinger, il fut un des plus grands exégètes catholiques de la langue allemande de son époque.

[147] Cf. RUDOLF, SCHNACKENBURG, *Schriften zum Neuen Testament*, München 1971, p. 179.

[148] Cf. VINCENT, GUIBERT, *A l'ombre de l'Esprit*, Parole et Silence, Paris 2009, p 336.

s'est pas surgie sinon par la volonté manifeste de Jésus pour la fonder de son pouvoir messianique :[149] « Sur cette pierre je veux bâtir mon Église ». Il reste aussi à comprendre l'intention de Jésus dans cette phrase par laquelle il a fondé l'Église. En effet, dans la langue française, deux mots sont homonymes, mais avec de signification diverse et ils rentrent tous les deux dans cette expression du Christ dans la fondation de l'Église. Le thème grec Πέτρος (Pétros) désigne la « pierre » et dans le même verset, il entre en résonance avec le thème πέτρα (pétra), qui désigne en grec le « roc ».[150] Jésus ne formule donc pas la même chose ; il ne dit pas : « tu es Pierre et sur cette pierre je bâtirai mon Église », mais : « Tu es Pierre et sur ce roc je bâtirai mon Église ». Le roc solide de la foi de Pierre en Lui.

Donc, l'Église constitue aux yeux de tous, cette réalité institutionnelle que le Christ a voulue au terme de sa mission sur la terre. Ainsi, toutes les paroles de Jésus participent de son œuvre dans la fondation de l'Église. En effet, la mission des disciples est au cœur de l'Église. Jésus transmet à ses disciples sa mission[151] et son pouvoir : « Celui qui vous écoute, m'écoute, et celui qui vous rejette me rejette ; et celui qui me rejette, rejette celui qui m'a envoyé » (*Lc* 10, 16). Donc, Jésus n'envoie pas uniquement des gens dotés d'une lumière capable de s'adresser au cœur de l'homme, mais ce sont des gens pleins de pouvoir, revêtus d'autorité. Et c'est cela l'Église dans l'intention du Christ. Avec le pouvoir que le Christ a donné à l'Église, la mission de celle-ci ne s'ajoute pas à celle de son Seigneur, mais elle en est le sacrement.[152]

Pour montrer le pouvoir de l'Église en tant qu'ultime instance de médiation et de réconciliation, Jésus, en parlant du devoir de chacun envers un frère se trouvant sur la mauvaise voie, commande de le reprendre d'abord face à face. Et s'il n'écoute pas, de faire appel à deux ou trois autres, et s'il persiste, alors de le déclarer à l'Église. S'il n'écoute pas même l'Église, il n'y a plus d'autres instances, qu'il soit pour toi comme un païen et un publicain (*Mt* 18, 15-17). Ce pouvoir que le Christ confère à son Église s'éclaire encore mieux

---

[149] Cf. ROMANO GUARDINI, *Il Signore, Riflessioni sulla persona e sulla vita di Gesù Cristo*, Vita e Pensiero, Milano 2014³, p. 317.

[150] Cf. JOSEPH, RATZINGER/BENEDETTO XVI, *Gesù di Nazaret*, Libreria Editrice Vaticana, Città del Vaticano 2007, p. 334; Cf. GIUSEPPE, PRIERO, *Pietra*, dans ANTONIO M., BOZZONE, *Dizionario ecclesiastico* (Dir.), ANGELO, MERCATI – AUGUSTO, PELZER, Op. Cit., Vol. III, pp. 196-197.

[151] Le mot mission en soi signifie transmission de pouvoir. En envoyant ses disciples leur a transmis ses pouvoirs.

[152] Cf. CEC., Op. Cit., N° 738.

dans les paroles de Jésus à Pierre sur la rive du lac. Après sa Résurrection en apparaissant à certains des disciples, dans une triple interrogation, il s'adresse à Pierre : « Simon, fils de Jonas, m'aimes-tu ? En répondant, Pierre se souvient de son acte de trahison et il a prouvé la honte. Mais aussi pendant trois fois, il entend la voix du Seigneur qui lui confère le mandat de prendre soin de ses brebis (*Jn* 21, 15-19). Telle est la mission de l'Église que le Christ a voulue.

Et lorsque Jésus dit à Pierre : « Simon, Satan vous a réclamés pour vous cribler comme le froment, mais j'ai prié pour toi, afin que ta foi ne défaille point, et toi, quand tu seras converti, affermis tes frères » (*Lc* 22, 31-32). Jésus fait donc part à Simon de la puissance du mal qui attaquera l'Église, mais elle restera ferme, car elle est bâtie sur le roc. C'est comme si le Christ demandait à Pierre d'être le pasteur de l'ensemble des brebis répandues par toute la terre.[153] L'Église du Christ est donc fondée dans l'unité de son Chef et de ses membres sous la direction de l'Esprit Saint qui inaugure l'œuvre du Christ. En effet, les paroles et les actes de Jésus dans la fondation de l'Église se projettent tous vers la Pentecôte, le jour où l'Église a pris naissance avec la descente de l'Esprit Saint en rassemblant dans l'unité tous les croyants.[154] Dès lors, ils forment tous un seul corps et un seul esprit dans l'unité de la conscience, car en elle le Christ vit, et dans le Christ elle s'enracine.[155]

II.2.1- Certaines images de l'Église dans sa mission de médiatrice du salut

En ces derniers temps, de nombreux chrétiens ont malheureusement une vision trop restreinte de l'Église. Dans certains cas, ils vont jusqu'à refuser de s'engager dans une Église locale, car ils tendent à voir dans l'Église un obstacle à la véritable formation des disciples du Seigneur. Il leur est difficile de surmonter leur égo qui leur permettrait de voir dans l'Église une partie du plan de Dieu pour faire de toutes les nations des disciples de son Fils. Bien qu'il n'y ait pas vraiment de passage de la Sainte Écriture qui donne une définition complète de l'Église, mais celle qui suit reflète certains aspects bibliques les plus importants de l'Église selon la volonté du Christ. En effet, elle est un groupe local de croyants baptisés qui se réunissent sous un leadership biblique et pastoral afin de ressembler à Jésus-Christ et d'exprimer l'amour du Christ

---

[153] Cf. ROMANO, GUARDINI, *Il Signore, Riflessioni sulla vita di Gesù Cristo*, p. 318.
[154] Cf. Ibid.
[155] Cf. CONGREGATION POUR LA DOCTRINE DE LA FOI, *Dominus Jesus*, Op. Cit., N° 16.

les uns envers les autres et envers le monde qui les entoure.[156] Dans cette partie, nous entendons examiner quelques enseignements des Écritures sur l'Église sous plusieurs angles différents qui sont les images de l'Église dans la Bible qui expliquent sa mission comme médiatrice du salut dans la médiation du Christ.

En effet, pour mieux expliquer la mission de l'Église comme médiatrice dans la mission salvifique du Christ, les images jouent un rôle de très grande importance. Tout comme dans l'Ancien Testament, ce fut sous forme d'images que le Royaume a été présenté, de même pour l'Église, elle est présentée aux hommes sous forme d'images qui aident à mieux la percevoir[157] Les images sont de natures diverses dont certaines proviennent de la Sainte Écriture, et d'autres de certaines cultures avec lesquelles le message de l'Évangile entre en communion pour mieux implanter l'Église en harmonie avec les activités quotidiennes des gens. Ces images qui servent à comprendre la mission médiatrice de l'Église sont aussi en parfaite harmonie avec les propriétés qui définissent l'Église comme étant Une, Sainte, Catholique, Apostolique, ou encore, comme institution visible et spirituelle qui demeure dans la communion avec le Père, le Fils et le Saint Esprit. Elles sont surtout utiles dans la compréhension de la mission de l'Église dans l'œuvre du salut.

II.2.1.1- La maternité

Le Concile Vatican II (1962-1965), en partant des enseignements des premiers Pères de l'Église, propose plusieurs images qui aident à mieux comprendre la nature et la mission de l'Église. Parmi ces images, celle de la maternité paraît la plus utilisée en tant qu'elle occupe la première place dans la conscience humaine. L'Église est notre mère dans la foi et dans la vie surnaturelle. En effet, tous les hommes qui sont venus à l'existence, se trouvent, par le Baptême, impliqués dans une double dimension d'existence. L'existence charnelle qui part du premier moment de la conception et l'existence spirituelle qui fait de tous les baptisés des enfants de Dieu par adoption et héritiers du Royaume selon la promesse (*Gal* 3, 26-29). Les deux existences ont des points en commun bien qu'elles se distinguent en grande

---

[156] Cf. DAVID, PLATT, *Trois images bibliques de l'Église*, dans URL <
https://evangile21.thegospelcoalition.org/book-review/trois-images-bibliques-de-leglise/>, 20.10.2021,
16.00.
[157] Cf. CONCILE VATICAN II, *Lumen Gentium*, Op. Cit., N° 6.

partie. En effet, tout comme nul ne peut venir seul à l'existence charnelle, mais par le consentement des autres, ainsi, pour devenir chrétien, il y a aussi un processus.

Personne n'est né chrétien, et on ne le devient pas tout seul ou de façon autonome. Il n'existe pas non plus un laboratoire où l'on entre et que l'on sorte chrétien par la suite. On devient chrétien à l'intérieur du Corps du Christ qui est l'Église. C'est elle qui engendre à la vie du Christ et aide à grandir dans la foi pour y demeurer. Donc, si dans le monde chaque personne a une mère qui lui donne la vie selon la chair, l'Église est la mère qui donne la vie spirituelle dans le Christ.[158] La maternité de l'Église envers l'humanité, au-delà du fait qu'elle entre dans le cadre de sa mission médiatrice, elle trouve son prototype dans la maternité de la Vierge Marie,[159] celle qui, par sa foi et son obéissance, a engendré le Fils de Dieu, sans la participation d'homme, mais par l'opération de l'Esprit Saint.[160] Sur l'exemple de la Vierge Marie, l'Église devient une mère féconde qui, par la prédication et le Baptême, engendre à une vie nouvelle et immortelle des fils qui ne sont nés ni du sang, ni de la volonté de la chair, ni de la volonté de l'homme, mais de Dieu[161] (*Jn* 1, 12-13).

En ce sens, avec les Pères de l'Église, saint Paul VI affirme que par le sacrement du Baptême, l'Église prolonge la maternité spirituelle de la Vierge Marie.[162] Puisque la maternité de Marie est unique en sa manière, celle de l'Église se trouve en continuité avec elle, et comme son prolongement dans l'histoire.[163] Donc la naissance de Jésus dans le sein de Marie est comme le prélude de la naissance de tous les chrétiens dans le sein de l'Église,[164] car le Christ, dit saint Paul, est le premier-né d'une multitude de frères (*Rm* 8, 29). Dans la même ligne, saint Léon le Grand eut à dire : « La source de vie que le Christ a prise dans le sein de la Vierge, il l'a placée dans les fonts du baptême ; il a donné à l'eau ce qu'il avait donné à sa mère : car la puissance du Très-Haut et l'ombre de l'Esprit Saint (*Lc* 1, 35), qui ont fait que Marie mit au monde un Sauveur, font aussi que l'eau régénère le croyant ». Donc, si Marie porte la

---

¹⁵⁸ Cf. François, *Audience générale du mercredi 3 septembre 2014*, Place Saint Pierre, Cité du Vatican.
¹⁵⁹ Cf. Ibid.
¹⁶⁰ Cf. Concile Vatican II, *Lumen Gentium*, n. 63, dans *AAS* 57 (1965), p. 64.
¹⁶¹ Cf. Concile Vatican II, *Lumen Gentium*, Op. Cit., N° 64.
¹⁶² Cf. Paul VI, *Marialis Cultus*, Exhortation apostolique sur « le culte de la Vierge Marie » du 02 février 1974, N° 19, dans *DocCath.*, 71 (1974), pp. 301-321.
¹⁶³ Cf. François, *Audience générale du mercredi 3 septembre 2014*, Place Saint Pierre, Cité du Vatican.
¹⁶⁴ Cf. Ibid.

vie dans son sein, l'Église la porte dans la piscine baptismale. Dans les membres de Marie, le Christ est formé, dans les eaux du baptême, il est revêtu.[165] Donc par sa maternité prodigieuse, Marie constitue ce modèle pour l'Église dans sa mission de « mère » des enfants de Dieu.[166]

II.2.1.2- L'Église, Épouse du Christ

L'Église est la famille de Dieu,[167] elle est constituée de tous ceux qui, par le baptême sont devenus des enfants de Dieu et « frères » de Jésus-Christ (*1Jn* 3,1-2 ; *Hé* 2,11-12).[168] Le but ultime du Père est que chaque être humain devienne un de ses enfants, et les rapports entre parents et enfants, et entre frères et sœurs sur le plan humain ont été donnés dans le but d'illustrer cette réalité spirituelle dont la portée est encore plus grande. Mais il y a une autre relation familiale qui illustre également une réalité spirituelle. C'est celle du *mariage*. En effet, le mariage entre un homme et une femme était destiné à illustrer le mariage de Jésus-Christ et de l'Église. Individuellement, les chrétiens sont frères du Christ, mais ensemble, ils constituent son épouse.[169] L'Église en tant qu'assemblée des saints[170] où chaque individu constitue une particule de son corps.

Ils sont nombreux les versets du Nouveau Testament qui tendent à éclairer le sens de l'Église comme épouse du Christ. D'abord, la conception de l'Eglise en tant que Corps du Christ porte à comprendre qu'un Christ sans l'Église est incomplet, tout comme sans la femme, l'homme reste une créature à compléter.[171] Dieu Lui-même en effet, ne semble pas se glorifier de la création de l'homme sans la femme, il dit alors: « Il n'est pas bon que l'homme soit seul, je lui ferai une aide semblable à lui » (*Gn* 2, 18). Le fait que l'homme ait été créé en premier lieu et que la femme ait été tirée de sa côte n'est pas la chose la plus essentielle au regard de la révélation biblique. Au stade où l'homme se

---

[165] Cf. PAUL VI, *Marialis Cultus*, Op. Cit., N° 19.
[166] Cf. CONCILE VATICAN II, *Lumen Gentium*, Op. Cit., N° 63
[167] Cf. JEAN PAUL II, *Christifideles Laici*, Op. Cit., N° 26.
[168] Cf. CONCILE VATICAN II, *Lumen Gentium*, Op. Cit., N° 7.
[169] Cf. JEAN PAUL II, *Christifideles Laici*, Op. Cit., N° 14.
[170] Le concept de « saint » ici ne traduit pas la vie heureuse dans l'au-delà ou après la reconnaissance et la canonisation de la part de l'Église institutionnelle. Mais il traduit l'ensemble des baptisés pour refléter ainsi la théologie de saint Paul qui, dans sa conception théologique de sainteté, voit tous les fils de l'Église sur lesquels reflète la sainteté de l'Église même. Donc comme l'Église est sainte, alors ceux qui lui appartiennent participent de sa sainteté.
[171] Cf. MARIA, BESANÇON, *Le péché originel et la vocation d'Adam, l'homme sacerdotal*, Op. Cit., p. 24.

retrouvait seul avant la création de la femme, celui-ci paraissait une œuvre incomplète, une créature inachevée, ou encore un beau dessein sans couleur. Certes, la femme est une aide pour l'homme, mais son statut dans le plan de Dieu n'est pas d'être une aide, mais le vis-à-vis de l'homme, son proche et son semblable, son intime et son *alter ego*. A cet endroit du texte biblique se trouvent affirmées l'égalité ontologique, la réciprocité fondamentale et la complémentarité irréductible entre l'homme et la femme.

> « Elle est celle dont les Pères disent ailleurs que le Christ se l'est unie au baptême du Jourdain et qu'elle est sortie de son côté ouvert quand il était en croix. Elle est l'épouse du Christ, sa compagne dans l'œuvre du salut du monde. Elle est une épouse féconde ».

Si le Christ s'est uni à son Église comme dans une union sponsale qui implique l'ensemble de ses membres, le statut actuel de chaque baptisé dans le Christ est pourtant celui d'un fiancé avec la vocation de célébrer les noces définitives avec le Christ[172] : « C'est pourquoi l'homme quittera son père et sa mère, et s'attachera à sa femme, et ils deviendront une seule chair » (*Gn* 2, 24). Dans le sens du mariage humain, ce verset est littéralement interprété par le fait que les nouveaux époux partent de la maison de leurs parents pour vivre ensemble et fonder leur propre foyer et en référence à la relation physique représentée par l'union sexuelle qui unit désormais les conjoints en un seul corps. Cela fait aussi référence à un sens spirituel de la célébration des noces définitives de chaque baptisé avec le Christ à la fin de la période des fiançailles qui n'est jamais définitive. Ainsi donc, l'homme est appelé par Dieu à quitter cette existence terrestre qui constitue en ce sens, un lien parental, car de la terre il est tiré, pour s'unir définitivement à celui qui l'aime parfaitement.[173]

Sur la relation physique du mariage humain qui est également d'ordre spirituel et divin, l'apôtre Paul élabore l'analogie avec les noces spirituelles de l'Agneau. Il affirme :

> « Femmes, soyez soumises à vos maris, comme au Seigneur. Car le mari est le chef de la femme, comme le Christ est le chef de l'Église, qui est son corps, et dont il est le Sauveur. Or, de même que l'Église est soumise à Christ, les femmes aussi doivent l'être à leurs maris en toutes choses. Maris, aimez vos femmes, comme Christ a aimé l'Église, et s'est livré lui-même pour elle, afin de la sanctifier par la parole,

---

[172] Cf. VINCENT, GUIBERT, *A l'ombre de l'Esprit*, Parole et Silence, Paris 2009, p. 131.
[173] Cf. BENOÎT XVI, *Porta Fidei*, Lettre apostolique en forme de Motu proprio par laquelle est promulguée l'année de la foi, du 11 octobre 2012, N° 1, dans *DocCath.*, pp. 119-125.

après l'avoir purifiée par le Baptême d'eau, afin de faire paraître devant lui cette Église glorieuse, sans tache, ni ride, ni rien de semblable, mais sainte et irréprochable » (*Ep* 5, 22-27).

De cet enseignement de saint Paul, il paraît évident que le mariage humain a comme vocation, celle d'être la préfiguration de la relation sponsale entre le Christ et l'Église.[174] L'union en une seule chair que constitue le mariage humain constitue une sorte de parallélisme sur le plan spirituel de la relation spéciale et intime à laquelle tous les chrétiens sont appelés à partager avec le Christ. Si dans le mariage humain, les deux conjoints deviennent une seule chair, dans celui avec le Christ, le chrétien et le Christ deviennent un seul esprit, selon l'enseignement de saint Paul qui enseigne que celui qui s'attache au Seigneur est avec Lui un seul et même esprit (*1Cor* 6, 17).

La période des fiançailles commence le jour du Baptême de chaque chrétien, le jour où chacun fait son entrée dans l'Église.[175] Une période dont la durée n'est pas déterminée et varie pour chaque personne. Elle constitue une préparation à la plénitude de la relation nuptiale avec le Christ. En tant que fiancé, le chrétien a le devoir de rester fidèle et pur en attendant l'appel du Christ pour la célébration nuptiale. Dans sa deuxième lettre aux Corinthiens, saint Paul exhorte les fiancés de l'Agneau : « Je vous ai fiancés à un seul époux, pour vous présenter à Christ comme une vierge pure » (*2Cor* 11, 2). Ainsi, à l'arrivée de l'époux, le temps de l'attente fera exclamer : « Réjouissons-nous, soyons dans l'allégresse, et donnons-lui gloire ; car elles sont venues les noces de l'Agneau, et son épouse est prête (*Ap* 19, 7).

L'Église en tant qu'épouse du Christ est l'une des images qui expriment sa mission de médiatrice dans le Christ pour le salut du genre humain. Cette image de l'Église-épouse apparaît plus claire dans l'analogie qui voit en Jésus crucifié le nouvel Adam de qui sort l'Église[176] dans les réalités de l'eau et du sang qui symbolisent l'Église avec les sacrements du Baptême et de l'Eucharistie. Cette image de l'Église qui sort des flancs du Christ endormi sur la croix, ramène à la création de la première femme à partir de la côte du premier Adam. En effet, le mariage humain fut institué avec le premier homme

---

[174] Ici, l'Église est exclusivement entendue comme la communauté des baptisés. Cette relation nuptiale est celle qui constitue la vocation de chaque baptisé. La relation qu'ils auront à vivre avec le Christ.
[175] Cf. Ibid.
[176] Cf. VINCENT, GUIBERT, *A l'ombre de l'Esprit*, Parole et Silence, Paris 2009, p. 130.

et la première femme, Adam et Ève. Dieu fit tomber Adam dans un profond sommeil, puis Il ouvrit ses flancs pour en prélever une de ses côtes, à partir de laquelle il forma Ève pour qu'elle devienne son épouse, une aide appropriée et complémentaire pour l'homme.[177] Lorsque Dieu la lui présenta, Adam dit: «Voici cette fois celle qui est os de mes os et chair de ma chair» (*Gn* 2, 23). De fait, Ève était une partie d'Adam, c'est-à-dire, de son corps.

L'analogie amène à voir dans la naissance de l'Église les mêmes démarches qui ont conduit à la création de la femme à partir de la côte d'Adam. En effet, comme pour la création de Ève, Adam fut endormi, et seulement à son réveil, la femme lui est présentée comme son semblable (*Gn* 2, 23). De même, sur la croix, Jésus est entré dans le profond sommeil de la mort,[178] et ce n'est qu'après avoir constaté sa mort qu'un des soldats lui perça le côté : « S'étant approchés de Jésus, et le voyant déjà mort, ils ne lui rompirent pas les jambes ; mais un des soldats lui perça le côté avec une lance, et aussitôt il sortit du sang et de l'eau » (*Jn* 19, 33-35). De même lorsqu'Adam fut réveillé, il trouva la femme à ses côtés, il déclare : « Voici cette fois celle qui est os de mes os et chair de ma chair ». Ainsi, pour Jésus, la Résurrection constitue ce réveil qui le portera vers les disciples réunis au Cénacle pour les rendre partie de son être en soufflant sur eux le souffle de son Esprit pour l'accomplissement de la mission qu'il leur confie en Église.

> « Le soir venu, en ce premier jour de la semaine, alors que les portes du lieu où se trouvaient les disciples étaient verrouillées par crainte des Juifs, Jésus vint, et il était là au milieu d'eux. Il leur dit : « La paix soit avec vous ! » Après cette parole, il leur montra ses mains et son côté. Les disciples furent remplis de joie en voyant le Seigneur. Jésus leur dit de nouveau : « La paix soit avec vous ! De même que le Père m'a envoyé, moi aussi, je vous envoie ». Ayant ainsi parlé, il souffla sur eux et il leur dit : « Recevez l'Esprit Saint. À qui vous remettrez ses péchés, ils seront remis ; à qui vous maintiendrez ses péchés, ils seront maintenus » (*Jn* 20, 19-23).

Cette manière de Dieu de procéder à la création de la femme paraît comme une sorte de préparation dans le sens que Dieu le prépare à être la figure de celui qui devra venir accomplir la perfection la Création toute entière.[179] C'est pourquoi, pour avoir son épouse, le Christ se laisse endormir jusqu'à la mort en suscitant le glaive de Dieu dans son côté. Il criera en effet, la

---

[177] Cf. MARIA, BESANÇON, *Le péché originel et la vocation d'Adam, l'homme sacerdotal*, Op. Cit., p. 24.
[178] Cf. Ibid.
[179] Cf. MARIA, BESANÇON, *Le péché originel et la vocation d'Adam, l'homme sacerdotal*, Op. Cit., p. 29.

nature de son Sacrifice en annonçant au monde qu'il est venu « pour donner sa vie en rançon pour une multitude » (*Mt* 20, 28).

II.2.1.3- La barque

Lorsque le 11 octobre 2012, le Pape Benoît XVI a décrété « l'Année de la Foi », le logo qui a été choisi pour conduire cette année de la foi fut le symbolisme d'une barque à l'intérieur d'une bordure carrée. La barque n'est pas sans signification dans la tradition du Nouveau Testament et la majeure partie des séances de catéchèses pendant tout le long de l'année (2012-2013) était centrée sur le sens chrétien de la barque. Le logo de l'année de la foi était composé de plusieurs symboles du christianisme. En effet, la barque à l'intérieur de la bordure représente l'Église qui navigue sur les flots. Le mât du bateau est une croix sur laquelle sont hissées les voiles signifiées de façon dynamique par le trigramme du Christ IHS. Les voiles quant à elles s'inscrivent sur un soleil associé au trigramme IHS qui, pour sa part, invoque le symbolisme de l'Eucharistie.[180] Le symbolisme du bateau montre la fonction médiatrice de l'Église dans l'itinéraire du salut du peuple de Dieu.

L'Église comme une barque qui conduit au salut, est étroitement liée à l'image de l'Église-mère.[181] Tout comme, en tant que mère, elle porte les croyants en son sein et leur donne incessamment l'amour de son époux, elle est aussi la barque qui porte ses enfants en son sein et les fait traverser les ondes de la mer pour parvenir au salut.[182] La barque représente donc l'Église qui, sous la direction du Christ, continue le long voyage vers la plénitude de la rencontre définitive et l'accomplissement de la promesse divine. Elle est consciente des dangers de la route, mais, cela ne constitue pas sa préoccupation première, car elle met sa confiance en Jésus qui est toujours présent et qui l'accompagne. En effet, dans l'Évangile de Marc, on a une référence au symbolisme de la barque qui montre à quel point l'Église compte sur la puissance de Jésus dans les moments difficiles (*Mc* 4, 35-41). Ceux qui étaient dans la barque, quand ils se sentent en danger à cause de la tempête, invoquent

---

[180] Cf. Association de la Medaille Miraculeuse, *Le symbolisme chrétien de la barque*, dans URL: https://www.medaille-miraculeuse.fr/meditation/symbolisme-chretien-de-la-barque.html, site visité le 10 juin 2021, 8.30.

[181] Cf. Innocent, Hakizimana, *La médiation de l'Église dans les trois premiers siècles*, dans URL : file:///C:/Users/ufficio/Desktop/Connaitre%20par%20l'Eglise.pdf, site visité le 23 mai 2021, à 17.30.

[182] Cf. Ibid.

la puissance du Maître, et à son intervention, la tempête se calme et ils parviennent à la rive.

Dans un itinéraire vers le salut et la connaissance du Père, le symbolisme du bateau montre bien la nécessité de l'Église pour accompagner l'homme vers le but ultime de sa vocation qui est la contemplation de Dieu dans la gloire. Donc la barque signifie l'Église qui est l'unique moyen par lequel les croyants peuvent parvenir à leur destination finale. Les dangers et les multiples difficultés auxquels on fait face pendant la navigation ne sont pas sans signification ni importance dans le combat quotidien de chaque baptisé vers le Royaume des cieux. Ils représentent, entre autres, les séductions du monde, l'audace et la malice des hérétiques et de ceux qui travaillent pour le diable. L'unique moyen pour les croyants de se protéger contre les déviations de l'enseignement du Christ est de rester à l'intérieur de l'Église, de s'attacher au Christ et à sa doctrine.

II.2.1.4- Le filet

> « Le Royaume des cieux est encore semblable à un filet jeté dans la mer et ramassant des poissons de toute espèce. Quand il est rempli, les pêcheurs le tirent ; et, après s'être assis sur le rivage, ils mettent dans des vases ce qui est bon, et ils jettent ce qui est mauvais. Il en sera de même à la fin du monde. Les anges viendront séparer les méchants d'avec les justes, et ils les jetteront dans la fournaise ardente, où il y aura des pleurs et des grincements de dents ». (*Mt* 13, 47-50)

Dans la tradition biblique de l'Ancien et du Nouveau Testament, tout comme dans la vie ordinaire, le filet désigne essentiellement un moyen de capture. Il sert à emprisonner dans un réseau solide une proie qui s'est laissée prendre à l'intérieur.[183] À côté de ce sens propre que revêt la définition du filet, il y a le sens spirituel du mot qui porte à y voir encore une fois, l'initiative de Dieu de conduire les hommes au salut. Dans le sens spirituel, le filet sert à capturer tous ceux qui sont destinés au salut. Il sert à les enlever du danger et de toutes les tentations que représentent pour eux les variations de ce monde dans lequel ils vivent. L'Église est donc comparée au filet qui pêche tout homme ; le rivage constitue la fin des temps, les pêcheurs sont les anges de

---

[183] Cf. BULLETIN THEOLOGIQUE, *Le filet dans la Bible*, dans URL:
<https://bulletintheologique.wordpress.com/2019/10/04/lancez-le-filet-a-droite-de-la-barque-le-filet-dans-la-bible/>, site visité le 31 mai 2021, à 20.00.

l'Église qui trient les bons poissons, c'est-à-dire les bonnes âmes des mauvaises. L'image du filet jeté en mer pour représenter l'Église montre la mission de celle-ci auprès des hommes dans le monde.

Le filet revêt alors un double caractère ; il passe du langage commun où il sert à capturer une proie à une dimension spirituelle où il symbolise l'Église dans le cadre de sa mission auprès des hommes pour les conduire au salut. Alors comment comprendre ce caractère positif et salvifique que revêt le filet ? En fait, le symbolisme de la mer dans la tradition biblique aide à éclairer le sens du symbole que représente le filet dans la mission de l'Église. Certains textes de l'Ancien Testament rapportent certaines expériences du peuple d'Israël avec la mer et son rôle symbolique dans l'expérience de l'homme de la Bible.[184] Selon l'expérience humaine, la mer est un symbole du danger, et celui qui s'avance sur la mer est confronté à l'éventualité de la mort. Cette expérience du danger de la mer paraît encore plus évidente dans l'antiquité où les conditions de navigation étaient très difficiles en comparaison à la période contemporaine. Les Hébreux également ont fait l'expérience de la mer, et à cause de l'effroi qu'elle suscite, ils ne voient en la mer que le symbole de la détresse et de la mort à laquelle l'homme ne parvient pas à échapper de lui-même si quelqu'un ne lui tend pas la main. C'est à partir des significations de la mer dans la tradition qu'on parvient à comprendre que la mission de l'Église dans l'image du filet n'est que salvifique. Ce filet sert donc à capturer les poissons pour les délivrer du danger et les conduire dans la gloire.

II.2.1.5- La Vigne

L'image de la Vigne pour symboliser l'Église dans sa fonction de médiatrice du salut apparaît dans le passage de Matthieu où le Royaume des cieux est comparé à un jardin pour lequel le propriétaire sort à la recherche d'ouvriers :

> « Car le Royaume des cieux est semblable à un père de famille, qui sortit dès la pointe du jour, afin de louer des ouvriers pour sa vigne. Et étant convenu avec les ouvriers d'un denier par jour, il les envoya à sa vigne. Il sortit encore vers la troisième heure, et il en vit d'autres qui étaient sur la place sans rien faire, Et il leur dit : Allez, vous aussi, à ma vigne, et je vous donnerai ce qui sera raisonnable. Et ils y allèrent. Il sortit encore vers la sixième et la neuvième heure, et fit la même chose. Et vers la

---

[184] Cf. OVER BLOG, *La symbolique de la mer dans la Bible*, dans URL: http://taparoleestuntresor.over-blog.com/2019/06/la-symbolique-de-la-mer-dans-la-bible.html, site visité le 10 juin 2021, à 18h.00.

onzième heure, il sortit et en trouva d'autres qui étaient sans rien faire, et il leur dit : Pourquoi vous tenez-vous ici tout le jour sans rien faire ? Ils lui répondirent : « Parce que personne ne nous a loués. Il leur dit : Allez, vous aussi, à ma vigne, et vous recevrez ce qui sera raisonnable. Quand le soir fut venu, le maître de la vigne dit à son intendant : « Appelle les ouvriers, et paie-leur le salaire, en allant des derniers jusqu'aux premiers ». Et ceux de la onzième heure, étant venus, reçurent chacun un denier. Les premiers, étant aussi venus, s'attendaient à recevoir davantage ; mais ils reçurent aussi chacun un denier. Et l'ayant reçu, ils murmuraient contre le père de famille, en disant : Ces derniers n'ont travaillé qu'une heure, et tu les as égalés à nous qui avons supporté le poids du jour et la chaleur. Mais il répondit et dit à l'un d'eux : Mon ami, je ne te fais point de tort ; n'es-tu pas convenu avec moi d'un denier ? Prends ce qui est à toi, et t'en va. Je veux donner à ce dernier autant qu'à toi. Ne m'est-il pas permis de faire ce que je veux de ce qui est à moi ? Ton œil est-il méchant parce que je suis bon ? Ainsi les derniers seront les premiers, et les premiers seront les derniers ; car il y a beaucoup d'appelés, mais peu d'élus » (*Mt* 20, 1-16).

Un peu différente des autres images qui symbolisent l'Église dans l'itinéraire du salut et de la connaissance du Père céleste, celle de la vigne indique une Église qui accueille. Elle est l'institution que Dieu Lui-même a voulue pour que son peuple y demeure et grandisse jusqu'au retour de son époux.[185] Ce refrain que l'Église chante dans les célébrations eucharistiques montre encore bien le sens de la Vigne dans le contexte ecclésial: « Nous annonçons ta Mort, Seigneur Jésus, nous célébrons ta Résurrection, nous attendons ta Venue dans la gloire ».[186] L'image de la Vigne montre d'abord l'initiative du père de destiner tous les hommes au salut. C'est lui qui sort les chercher pour les engager dans sa vigne. La convenance avec les ouvriers pour un denier par jour exprime la récompense que Dieu promet à ceux qui lui sont restés fidèles pendant leur existence terrestre. Cette journée de travail en effet, n'est qu'un symbolisme qui représente toute l'existence de la personne humaine destinée au salut.

Après avoir placé les ouvriers dans la vigne pour y travailler, c'est encore de la vigne qu'il les appelle pour les récompenser de leur travail. Cette vigne qui représente l'Église indique que c'est dans l'Église que le Seigneur reconnaît ses enfants, ceux qui sont destinés au salut. Il a pris Lui-même l'initiative de les porter dedans, malheur donc à ceux qui n'y sont pas restés de leur propre initiative, car c'est encore à l'intérieur qu'Il viendra les appeler. Quand le soir

---

[185] Cf. JEAN PAUL II, *Christifideles Laici*, Op. Cit., N° 1.
[186] Missel Romain, Rite de la communion.

fut venu, le maître dit à son intendant d'appeler les ouvriers. À cet appel, on doit supposer que chacun des ouvriers a reçu un nom qui l'identifie comme appartenant au Royaume.[187] Durant l'existence humaine, ce jour où le Père embauche les ouvriers est comparable à celui de notre Baptême.[188] C'est-à-dire le jour où nous sommes entrés officiellement à faire partie de sa famille qui est l'Église, il est donc le jour où nous commençons à travailler dans la Vigne du Seigneur jusqu'à ce qu'il vienne nous appeler. Si le premier appel nous porte dans l'Église par le Baptême, le deuxième qui semble définitif ou ultime est bien comparable au jour où le Seigneur appelle définitivement chaque chrétien à quitter cette existence terrestre pour recevoir la récompense pour laquelle il a travaillé.

Un troisième aspect particulier que présente l'image de la vigne est celui de la diversité des ouvriers qui n'ont pas commencé ensemble à travailler. En effet, l'Église c'est l'assemblée des chrétiens, c'est-à-dire, de ceux qui ont accepté le Christ dans leur vie par un itinéraire de conversion. Or la conversion peut arriver à tout moment dans la vie d'une personne, et les formules ne sont uniformes pour tout le monde. Les ouvriers des premières heures peuvent comprendre les personnes qui sont nées dans une famille chrétienne. Étant élevées et éduquées selon les principes et la doctrine chrétienne, ces personnes n'ont point besoin d'une conversion pour s'approcher du Seigneur avec qui elles vivent déjà dans une communion spirituelle. D'autres personnes, comme les ouvriers des dernières heures, c'est au cours de leur vie que le Seigneur les rattrape. Comme dans la parabole du Bon Berger, il part les chercher pour les ramener dans le pâturage de son troupeau pour les faire participer eux aussi à son salut : « J'ai encore d'autres brebis, qui ne sont pas de cette bergerie ; celles-là, il faut que je les amène ; elles entendront ma voix, et il y aura un seul troupeau, un seul berger » (*Jn* 10, 16).

---

[187] Dans la Tradition biblique, tant de l'Ancien que du Nouveau Testament, avoir un nom propre indique quelqu'un qui est destiné au salut. Réjouissez-vous, disait Jésus aux soixante-douze, « parce que vos noms se trouvent inscrits dans les cieux » (*Lc* 10, 17-24). Dans certains moments particuliers de la vie chrétienne, cet aspect est mis en évidence. Dans la célébration du Baptême qui constitue l'inauguration de la vie chrétienne pour tous les futurs disciples du Christ, le célébrant demande aux parents des futurs baptisés : « Quel nom donnez-vous à vos enfants ? » Cette question n'est pas sans signification dans la vie du néophyte, car c'est avec ce nom qui l'identifie que le Christ le reconnaît pour toute son existence terrestre. C'est aussi par ce nom qu'il sera appelé à la fin de ses jours à entrer dans l'existence céleste pour la vie sans fin.
[188] Cf. BENOÎT XVI, *Porta Fidei*, Op. cit., N° 1.

II.2.1.6- La Paroisse

La dernière image de l'Église-médiatrice que nous avons souhaité analyser, est la plus familière dans le langage ecclésial et populaire. En effet, l'Église-Paroisse est si proche de tous dans le langage commun, que personne ne s'interroge sur sa signification profonde dans le cadre de la mission médiatrice de l'Église. Nous sommes tous habitués avec le mot sous un angle de sa dimension. La Paroisse ne désigne pas exclusivement un territoire limité dans le Diocèse, ou encore, « la communauté des fidèles ». Ceux-là constituent bien des éléments qui définissent une Paroisse,[189] mais la Paroisse a aussi une autre définition bien plus ancienne qui la place au cœur de la mission du Christ et de l'Église. L'origine du mot se trouve déjà dans certains écrits du Nouveau Testament et son sens théologique est bien plus profond qu'une simple division territoriale. D'abord, étymologiquement, le mot vient du grec παροικία « *Paroikia* ». Le verbe grec qui donne un premier sens au mot est παροικέω, « *Paroikeo* ». Composé de παρα et οικέω « *Para et Oikeo* », qui signifie « habiter/vivre près/à proximité ».[190] Donc, un des sens du thème se cherche dans le concept d'une communauté composée d'habitations qui donnent lieu au voisinage.

De son passage à la langue latine *Paroecia*, le mot Paroisse vient à désigner « près de la maison, celui qui n'est pas de la maison », c'est-à-dire un étranger. De son sens étymologique, la Paroisse ne traduit donc pas une communauté de personnes qui vivent autour d'un lieu de culte. Si d'un côté, il traduit les concepts de « Voisinage », « réunion d'habitations », et aussi, l'étranger qui réside parmi les citoyens d'un pays,[191] d'un autre côté, la *Paroikia* traduit l'itinéraire du peuple de Dieu sur cette terre vers la patrie céleste.[192] Dans la culture gréco-latine, elle exprime même une terre étrangère conquise. Donc le sens théologique du mot traduit pour un peuple, le fait d'habiter une terre alors qu'il appartient à une autre patrie. Les paroles de Jésus éclairent le sens de ce concept de terre étrangère lorsqu'Il dit aux disciples : « Vous êtes dans le monde, mais vous n'êtes pas du monde » (*Jn* 15, 19). Les chrétiens vivent dans ce monde, mais c'est comme pour eux une terre étrangère sur

---

189 Cf. JEAN PAUL II, *Christifideles Laici*, Op. Cit., N° 26
190 Cf. OTTORINO, PIANIGIANI, *Parrocchia*, dans *Vocabolario etimologico della lingua italiana online*, dans URL < http://etimo.it/?term=parrocchia&find=Cerca>, site visité le 7 juillet 2021 à 17.00
191 Cf. VALENTO, GROLLA, *L'agire della Chiesa. Teologia pastorale*, Edizioni Messaggero, Padova 2003, pp. 88-89
192 Cf. INNOCENT, HAKIZIMANA, *La médiation de l'Église dans les trois premiers siècles*, Op. Cit.

laquelle ils sont de passage. L'Église en tant que *Paroikia* constitue pour les chrétiens une médiation entre la terre sur laquelle ils vivent et la patrie céleste qui est leur demeure définitive et à laquelle ils appartiennent en tant qu'ils sont de Dieu.

Dans ses lettres pastorales, saint Paul et d'autres auteurs sacrés du Nouveau Testament ont développé l'idée pour les chrétiens d'être étrangers sur la terre, et leur appartenance à la patrie céleste. Aux Philippiens, saint Paul rappelle dans sa lettre : « Oui, je vous l'ai dit souvent, et je le dis aujourd'hui en pleurant : beaucoup de gens vivent comme des ennemis de la croix du Christ. Ils finiront par se perdre. Leur dieu, c'est leur ventre, et ce qui doit les couvrir de honte, ils s'en vantent ! Eux, ils pensent seulement aux choses de la terre. Quant à nous autres, notre patrie est dans les cieux, et celui que nous attendons comme Sauveur, le Seigneur Jésus-Christ, viendra des cieux » (*Ph* 3, 18-20). Les chrétiens sont donc des citoyens du ciel, quoiqu'ils vivent sur la terre. Et en tant que tels, ils doivent aimer leur patrie et vivre conformément aux lois de celle-ci. Et surtout, les chrétiens doivent chercher à représenter dignement leur patrie en tant qu'ambassadeurs, puisqu'ils habitent une terre à laquelle ils n'appartiennent pas.

Dans sa deuxième lettre aux Corinthiens, saint Paul continue de décrire et rendre explicite la situation passagère des chrétiens dans ce monde. Tantôt, il compare notre demeure ici-bas à une simple tente pour mettre en évidence le caractère éphémère qui la distingue de la demeure éternelle à laquelle les chrétiens sont destinés (*2Cor* 5, 2). Plus loin, il décrit la situation des chrétiens qui se trouvent loin du Seigneur tant qu'ils demeurent encore dans le corps qu'est l'Église, la Paroisse, de laquelle, ils préfèrent aller en exil pour rencontrer le Seigneur : « Nous sommes donc, en tout temps, pleins de courage, et nous savons que, tant que nous séjournons dans ce corps, nous demeurons loin du Seigneur car nous vivons guidés par la foi, non par la vue » (*2Cor* 5, 6-8). Déjà sur la terre, le chrétien fait expérience de la communion avec Dieu, mais ce n'est que dans la foi qu'on vit cette communion, comme pour une relation d'amour à distance. Cette communion est une anticipation de la vie heureuse à laquelle le chrétien est appelé.

La citoyenneté céleste exige des chrétiens certains dépassements qui les identifient à leur pays d'appartenance. Ainsi, saint Pierre les exhorte : « Bien-aimés, je vous exhorte, comme étrangers et voyageurs sur la terre, à vous abstenir des convoitises charnelles qui font la guerre à l'âme » (*1Pe* 2, 11). Une fois devenus chrétiens, et donc membres d'une Paroisse, les chrétiens doivent se considérer seulement comme des étrangers (des résidents temporaires) et des pèlerins sur la terre, habitant ici pour un temps, mais n'en faisant pas partie et ne s'y fixant pas. Certaines paroles de Jésus éclairent tout aussi bien le sens de notre fixation vers la patrie céleste, car nous devons nous fixer vers la vraie patrie : « Car là où est ton trésor, là aussi sera ton cœur » (*Mt* 6, 21). Et pour cela leurs affections et leurs désirs doivent être aussi fixés vers cette patrie et les chrétiens doivent faire abstraction des convoitises charnelles qui pourraient détruire leurs projets concernant cette patrie céleste et éternelle.

Avec le temps, le terme Paroisse est vite apparu vers le IVème siècle pour signifier l'affectation permanente de prêtres aux églises rurales qui commençaient à se multiplier, alors que toute la vie de l'Église s'était trouvée jusqu'alors concentrée au siège du Diocèse. La Paroisse est donc un degré de localisation de l'Église.[193] Elle est une expression visible et immédiate de la communion de l'Église.[194] L'Église qui vit au milieu de ses fils et filles. Par cette dimension à laquelle nous sommes habitués à comprendre le terme Paroisse, elle constitue le noyau local de la structure sociale de la réalité ecclésiale.[195] La Paroisse est donc la circonscription territoriale et périphérique dans laquelle les fidèles sont regroupés. Elle désigne aussi le lieu où les instances ecclésiastiques entrent en contact direct avec les fidèles. Structurellement, la Paroisse est constituée d'un territoire, faisant partie territoriale d'un Diocèse, d'un peuple de fidèle qui y demeure, d'un curé à qui le soin des âmes est confié et de l'église paroissiale où se déroulent les cérémonies liturgiques.

Conclusion

Au terme de cette partie de notre réflexion sur la figure de l'Église comme médiatrice du salut en Jésus-Christ, nous sommes parvenus à la

---

193 Cf. JEAN PAUL II, *Christifideles Laici*, Op. Cit., N° 26.
194 Cf. Ibid.
195 Cf. LAZZARO MARIA, DE BERNARDIS, *Parrocchia*, dans ANTONIO M., BOZZONE, *Dizionario ecclesiastico* (Dir.), ANGELO, MERCATI – AUGUSTO, PELZER, Op. Cit., Vol. III, pp. 80-81.

compréhension de l'Expression *Extra Ecclesiam nulla salus*[196] « En dehors de l'Église, pas de salut ». L'incompréhension de l'expression peut aller jusqu'à voir une certaine arrogance de la part de l'Église en affirmant que l'homme ne peut être sauvé que dans son sein, alors que nombreux sont ceux qui éprouvent des difficultés à voir cette Église comme le moyen que le Christ Lui-même a voulu qui soit destinée à conduire à Lui tous les enfants de la terre.[197] Au cours de ces dernières décennies, il est même développé chez certains l'idée de dire « oui » à Jésus et « non » à l'Église. Il est très facile d'entendre : « J'accepte Jésus et je l'aime, mais avec l'Église, il y a de petits problèmes ». En fait, cette idée d'accepter un Jésus sans son Église ne peut être qu'une prétention, car le Christ n'est en aucun cas séparé de l'Église qui est son Corps mystique et qui continue son œuvre de salut pour tous les hommes.[198] L'expression *Extra Ecclesiam nulla salus* signifie surtout que le salut vient du Christ-Tête dans la communion de son Corps qu'est l'Église.

Bien que paradoxale que puisse être la question, mais à ceux le pensent ainsi, on n'enlève pas la légitimité de distinguer Jésus de l'Église. D'ailleurs, une première distinction est évidente dans le crédo qui traduit la foi des fidèles ; on ne croit pas en l'Église comme on croit en Jésus, qui est l'unique Médiateur, et l'Église n'a qu'à se soumettre à sa parole comme pour obéir aux

---

[196] *Extra Ecclesiam nulla salus* « Hors de l'Église, il n'y a pas de salut » est une expression latine de Cyprien de Carthage. L'expression signifie que les Sacrements permettent aux fidèles de participer à la vie de Dieu et que c'est Lui-même qui donne le salut. Ce Principe se situe au cœur de la sotériologie catholique, et il a été objet de nombreuses controverses. Pour certains, comme le Jésuite américain Feeney, les fidèles des autres religions, ou encore les athées ne peuvent être sauvés, faute de la foi nécessaire au salut. Mais la Congrégation pour la doctrine de la Foi a rappelé la constante condamnation de cette opinion dans le magistère faisant valoir l'ignorance invincible et le primat de la Charité. D'autres ont tenté de rejeter cette sentence au titre que ou bien toutes les traditions religieuses se valent ou bien la miséricorde divine ne permettrait pas que la liberté humaine puisse rejeter Dieu définitivement, c'est-à-dire la possibilité de l'enfer. Cs interprétations ont été aussi écartées par l'Église qui, à travers le Concile Vatican II, affirme dans la constitution sur l'Église *Lumen Gentium*, N° 14, que le salut en Jésus-Christ ne s'opère pas sans le Corps qu'Il s'est formé, l'Église.
L'Église catholique se définit comme une communion eucharistique. L'expression « Hors de l'Église, point de salut » signifie que les sacrements permettent aux fidèles de participer à la vie de Dieu qui donne le salut. Il s'applique différemment aux différentes situations spirituelles : « D'une acceptation pleine et totale de la notion d'Église (la plénitude catholique) à ses réalisations imparfaites, mais encore fondées sur le Baptême sacramentel (communautés séparées) et à ses réalisations imparfaites qui n'incluent pas les institutions du Christ (religion juive, confessions monothéistes, religions hors du courant biblique, situations areligieuses), c'est toujours par une appartenance plus ou moins parfaite à l'Église que l'on s'est sauvé. Cet adage exprime donc la nature ecclésiale et communautaire du salut tel qu'il est pensé en théologie catholique.
[197] Cf. *Concile Vatican II*, "Lumen Gentium" N° 16.
[198] Cf. JEAN PAUL II, *Redemptoris Missio*, Op. Cit., N° 9.

ordres de son Maître.[199] Ceux-là qui s'expriment en faveur de la distinction entre Jésus et l'Église, de laquelle ils veulent même prendre distance, peuvent avoir de multiples raisons pour le faire.[200] Beaucoup d'entre sont des blessés de la vie, et parfois ils ont été déçus de certaines attitudes de l'Église. Leur grand amour pour Jésus n'arrive pas à écarter pas chez eux leur soif de vengeance qui habite souvent dans l'esprit envers une Église qui, peut-être les a blessés dans un passé récent ou lointain. Chacun a son histoire et chaque histoire, et leur poids varie de l'une à l'autre. C'est ce qui amène à comprendre certaines opinions parfois hostiles envers l'Église. Mais, si la distinction entre Jésus et l'Église paraît légitime, il faut tout de suite reconnaître que l'Église n'est pas un accident de l'histoire,[201] mais elle a été voulue et fondée par le Christ, parce qu'elle est nécessaire. Donc la distinction ne doit absolument conduire à les opposer.[202]

Et pour mieux faire le choix, il est bon de remonter aux origines. En fait, il se peut qu'il y'ait des pages sombres dans le parcours historique de l'Église au long des siècles, mais il ne faut jamais que l'Église constitue une famille. La grande famille qui, naturellement a des aspects humains, donc, elle n'est pas exempte d'imperfection. Puisqu'elle est formée d'hommes et de femmes, il est inévitable qu'on y trouve des défauts et des erreurs tant chez les responsables que chez les fidèles. Mais le Christ l'a voulue au terme de sa mission auprès des hommes afin qu'elle soit le trait d'union entre l'humanité et la divinité. Ainsi, l'on se rendra compte que lorsqu'on se sent vraiment attiré par le Christ, l'Église n'est pas une option, mais une nécessité pour le cheminement de tous ceux qui désirent l'union parfaite avec le Christ.[203] Et on répondra du même coup à son invitation: « Allez, faites de toutes les nations des disciples, les baptisant au nom du Père et du Fils et du Saint Esprit; et apprenez-leur à observer tout ce que je vous ai commandé. Et moi, je suis avec vous tous les jours, jusqu'à la fin du monde » (*Mt* 28, 19-20).

---

[199] La soumission de l'Église au Christ reflète l'image de l'Église-Épouse, selon l'exhortation de saint Paul lorsqu'il commande aux femmes : "Soyez soumises à vos maris comme au Christ, car le mari est le chef de la femme comme le Christ est le chef de l'Église qui est son corps, et dont Il est le Sauveur" (*Ep* 5, 22-23).

[200] Cf. PHILIPPE, LOUVEAU, *Jésus, oui, l'Église, non ?* Dans URL: <https://jesus.catholique.fr/questions/jesus-oui-leglise-non/jesus-oui-leglise-non/>, site visité le 11 juin 2021, 12.00.

[201] Cf. PHILIPPE, LOUVEAU, *Jésus, oui, l'Église, non ?* Op. Cit.

[202] Cf. PAUL VI, *Evangelii Nuntiandi*, Exhortation apostolique sur « l'Évangélisation dans le monde moderne », du 8 décembre 1975, N° 16, dans *DocCath.*, 73 (1976), pp. 1-22.

[203] Cf. JEAN PAUL II, *Redemptoris Missio*, Op. Cit., N° 9

Pour mieux éclaircir les fidèles de l'Église qui tendent à se laisser prendre dans la tentation de s'éloigner de l'Église soit à cause d'une incompréhension quelconque ou une déception qui les fait croire qu'ils n'ont plus leur place dedans, il est ici reporté une très belle catéchèse du Pape François lors de l'audience générale du mercredi 29 mai 2013, qui éclaire le sens de notre appartenance à l'Église comme la famille de Dieu, à l'intérieur de laquelle le Père céleste reconnaît ses enfants. La catéchèse n'est pas reportée dans son texte intégral, mais prise dans un commentaire de *Aleteia* qui aide à encore mieux saisir le sens :

> L'Église «n'est pas une organisation née d'un accord entre des personnes, mais l'œuvre de Dieu (…) C'est elle qui nous apporte le Christ et nous conduit à Dieu», a expliqué le Pape François aux milliers de fidèles rassemblés le 29 mai 2013 pour l'audience générale. Le Pape a débuté une série de catéchèses sur le mystère de l'Église, en stigmatisant le comportement de ceux qui disent encore aujourd'hui «le Christ oui, l'Église non» ou «je crois en Dieu, mais pas dans les prêtres». Citant le Pape émérite, Benoît XVI, pour réaffirmer l'identité propre de l'Église, il a rappelé que celle-ci est «une grande famille» qui a naturellement aussi «ses aspects humains», car formée d'hommes et de femmes, on y trouve forcément «des défauts, des imperfections, des péchés», et cela aussi bien chez les pasteurs que chez les fidèles. «Personne n'en est exempt… même le Pape… et il en a beaucoup», a-t-il dit en ajoutant aussitôt après: «Mais ce qui est beau, c'est quand on se rend compte qu'on est pécheur et qu'on trouve alors la miséricorde de Dieu, qui pardonne toujours». Car, si, comme «disent certains», le péché «est une offense à Dieu», il est vrai aussi qu'il est «également une opportunité d'humiliation, a souligné le Pape, pour se rendre compte qu'il existe quelque chose d'encore plus beau: la miséricorde de Dieu».
>
> Chaque fidèle est reparti de la place Saint-Pierre avec une invitation du Pape à se demander personnellement: «Est-ce que j'aime l'Église et à quel point? Est-ce que je prie pour elle? Est-ce que je me sens membre de la famille de l'Église? Que fais-je pour qu'elle forme une communauté où chacun se sente écouté et compris, sente la miséricorde et l'amour de Dieu renouveler sa vie?». Car, a redit le Pape François: La foi «est un don et un acte qui nous concernent tous personnellement, mais Dieu nous appelle aussi à vivre ensemble, en famille et donc en l'Église». Le Pape a résumé sa catéchèse en un tweet: «L'Église naît du geste suprême d'amour de la Croix, du côté ouvert de Jésus. L'Église est une famille dans laquelle on s'aime et on est aimé.» Ce tweet que l'on peut voir comme le couronnement d'une journée placée sous le signe de «l'humilité», une humilité à laquelle le Pape François ne cesse d'inviter pasteurs et fidèles pour former une «Église non à mi-chemin, triomphaliste» mais en marche, une Église «qui va de l'avant d'un pas ferme, comme Jésus», a-t-il dit quelques heures plus tôt dans son homélie au cours de la messe célébrée comme chaque matin à la chapelle de la Maison Sainte-Marthe, où il réside. «Le triomphalisme dans l'Église arrête l'Église. Le triomphalisme chez les chrétiens arrête les chrétiens», a-t-il mis en

garde en rappelant que le triomphe des chrétiens est celui qui passe par l'échec humain, par l'échec de la croix. Se laisser tenter par des triomphalistes mondains, signifie céder à la tentation de concevoir un «christianisme sans croix», ou «un christianisme avec la croix mais sans Jésus».[204]

Les diverses images qui symbolisent l'Église dans sa fonction de médiatrice du salut dans le Christ, montrent d'abord que l'Église est nécessaire pour le salut des hommes et sa présence est manifestée dans tous les domaines de la vie humaine. En premier lieu, elle a été voulue par le Seigneur : « Heureux es-tu Simon, fils de Yonas, car ce n'est ni la chair ni le sang qui t'ont révélé cela, mais mon père qui est aux cieux. Et moi, je te le déclare : Tu es Pierre, et sur cette pierre je bâtirai mon Église, et ni la mort ni la puissance ne l'emportera sur elle » (*Mt* 16, 13-23). Et en même temps, Jésus revêt l'Église d'autorité dans l'accomplissement de sa mission de confirmer dans la foi ceux qui lui appartiennent : « J'ai prié pour toi Pierre, afin que ta foi ne défaille point ; et toi, quand tu seras converti, affermis tes frères » (*Lc* 22, 32).

---

[204] ALETEIA, *Pape François: Peut dire au Christ et non à l'Église?* Dans URL < https://fr.aleteia.org/2013/05/30/pape-francois-peut-on-dire-oui-au-christ-et-non-a-leglise/>, 20. 10. 2021, 15.00.

CHAPITRE TROISIEME

L'Homme

III.1- L'homme, chemin vers la connaissance de Dieu

Le début de l'ère chrétienne est marqué par de multiples débats, souvent contradictoires sur la personne de Jésus. Les discussions se sont orientées tantôt vers la compréhension de son humanité, tantôt à comprendre l'humanisation de sa divinité. Dès les premiers siècles de son histoire, l'Église est parvenue à définir de façon précise comment s'était réalisée en Jésus l'union des deux natures divine et humaine, c'est-à-dire comment Jésus fut entièrement Dieu et entièrement homme sans qu'il y ait confusion de nature :

> « L'événement unique et tout à fait singulier de l'Incarnation du Fils de Dieu ne signifie pas que Jésus-Christ soit en partie Dieu et en partie homme, ni qu'il soit le résultat du mélange confus entre le divin et l'humain. Il s'est fait vraiment homme en restant vraiment Dieu. Jésus-Christ est vrai Dieu et vrai homme. Cette vérité de foi, l'Église a dû la défendre et la clarifier au cours des premiers siècles face à des hérésies qui la falsifient ».[205]

Donc, étant Dieu, Jésus jouit dans son intégralité de tout ce qui caractérise la divinité unique, éternelle et infinie. Et en tant qu'homme, il possède la plénitude du savoir que l'intelligence créée peut acquérir.[206] Donc, le Jésus qui est consubstantiel au Père avec qui il partage la nature divine ; par le mystère de l'Incarnation, il est devenu consubstantiel aux hommes, avec lesquels, Il partage la nature humaine. Par sa divinité, Jésus possède la gloire de laquelle l'homme est privé à cause du péché (*Rm* 3, 23). Et l'homme a en lui le péché que Jésus ne partage pas avec lui. En enlevant donc le péché dans l'homme, Jésus le rend consubstantiel à Lui non seulement en humanité, mais également en esprit qui le glorifie et le justifie.[207]

La conception qui voit en l'homme un itinéraire vers la connaissance de Dieu demande de le regarder sous trois aspects distincts. L'histoire de

---

[205] *Catéchisme de l'Église Catholique*, N° 464.
[206] Cf. JEAN-PAUL, ROUX, *Jésus*, Fayard, Paris 1989, p. 250.
[207] Cf. *Catéchisme de l'Église Catholique*, N° 1987.

l'homme dans ses relations avec Dieu est marquée par trois grandes étapes qui constituent les aspects de l'existence humaine. D'abord, on voit l'homme comme la créature parfaite, car il est créé à l'image et à la ressemblance de son Créateur (*Gn* 1, 26-27). Cette première étape de l'existence humaine est marquée par le péché et l'avènement de la loi. Ensuite, on voit l'homme dans le ministère de Jésus-Christ, c'est-à-dire l'homme dans la Nouvelle Alliance ou l'avènement de la grâce. C'est l'avènement de l'homme nouveau qui n'est plus sous la domination de la loi et du péché, mais qui vit par la grâce. Le dernier aspect considère l'homme couronné dans la gloire céleste ou l'avènement du Christ glorifié. Chacune de ces dimensions éclairera le sens de la participation de l'homme dans la mission du Christ, dans le sens qu'il constitue dans le Christ, un cheminement vers la connaissance et la rencontre du Père. Cette participation est, pour sa part, déterminée soit tout simplement en voyant une image du Créateur dans le visage de chaque personne humaine, ou par la compréhension de sa vocation à participer à la mission du Christ.

Jésus reste le personnage central de l'histoire[208]: « Je suis le Chemin, la Vérité et la Vie, nul ne vient au Père que par moi » (*Jn* 14, 6). Et tout de suite, une question arrive qui éclaire le sens de notre réflexion ; Qui est Jésus ? Quel rapport existe-t-il entre Jésus, le Fils unique de Dieu et l'homme créé par Dieu ? Les tentatives de réponse à ces questions contribueront certainement à redécouvrir certains liens qui existent entre Jésus et l'humanité, ruinée par le péché, mais destinée à rejoindre la perfection.[209] D'abord, dans la perspective du christianisme, Jésus, c'est l'Homme en qui Dieu s'est pleinement manifesté à l'humanité. Et par sa vie et son enseignement, il a révélé au monde qu'il est le Dieu qui s'est humanisé. Donc, pour les chrétiens, Jésus est Dieu. Il n'est pas seulement un envoyé de Dieu qui parle en son nom, mais il est Dieu tout en étant totalement homme. Par sa naissance, sa vie et sa mort, il appartient à notre humanité, et donc consubstantiel à chaque être humain. Mais il est Dieu, étant consubstantiel au Père dans la divinité.[210] La double nature *humaine et divine* dans la personne de Jésus est au centre et au cœur de la foi chrétienne.

---

[208] Cf. Benoit XVI, *Verbum Domini*, N° 7 ; Vincent Guibert, *A l'ombre de l'Esprit*, Parole et Silence, Paris 2009, p. 56.
[209] Cf. Jean Paul II, *Christifideles Laici*, Op. Cit., N° 16.
[210] Cf. Jean-Paul, Roux, *Jésus*, Op. Cit., pp. 250-255.

III.1.1- La personne humaine dans le dessein du Créateur

L'ordre de la Création amène à comprendre que l'homme occupe une place fondamentale dans le plan de Dieu.[211] En effet, étant la dernière de toutes les créatures, il y occupe la place centrale et il domine sur toutes les autres. Nombreuses pourraient être les interrogations sur les raisons pour lesquelles, l'homme étant l'unique créature dotée d'une certaine intelligence et de la raison a été le dernier dans l'acte de la création. En jetant un coup d'œil sur les motifs imaginables de la création de l'homme, on constate avec l'enseignement de l'Église que Dieu a créé l'homme uniquement par amour et pour sa gloire.[212] Cet amour pour l'homme qui se manifeste déjà dans l'acte de la création, constitue le motif pour lequel la personne humaine est la dernière des créatures, car Dieu avait besoin de soumettre toute la Création sous sa domination (*Gn* 1, 26. 28).

Celui qui cherche à connaître la place que l'homme occupe dans le dessein du Créateur, tombe naturellement sur la grande question que se sont posés le roi David et Job au cours de leur vie, à savoir : Qu'est-ce que l'homme ? « Quand je contemple les cieux, ouvrage de tes mains, la lune et les étoiles que tu as créées : qu'est-ce que l'homme, pour que tu te souviennes de lui ? Et le fils de l'homme, pour que tu en prennes garde ? Tu l'as fait de peu inférieur à Dieu, et tu l'as couronné de gloire et de magnificence. Tu lui as donné la domination sur les œuvres de tes mains, tu as tout mis sous ses pieds » (*Ps* 8, 4-7). Job aussi, dans sa misère, s'interroge par la même question, mais dans un contexte bien différent : « Laisse-moi, car ma vie n'est qu'un souffle. Qu'est-ce que l'homme, pour que tu en fasses tant de cas, pour que tu daignes prendre garde à lui, pour que tu le visites tous les matins, pour que tu l'éprouves à tous les instants ? » (*Jb* 7,16-18).

La différence du sens de la question réside dans les circonstances qui ne sont pas homonymes pour les deux hommes. En fait, David fut comblé par la majesté du dessein de Dieu pour l'humanité, et il exprime sa reconnaissance dans une prière d'actions de grâce envers le Créateur. La situation est toute contraire pour Job qui parle dans la souffrance et la misère. À son avis, l'homme était trop éphémère et insignifiant pour que Dieu puisse s'intéresser

---

[211] Cf. MARIA, BESANÇON, *Le péché originel et la vocation d'Adam, l'homme sacerdotal*, Op. Cit., p. 13.
[212] Cf. CEC., Op. Cit., N° 293.

à lui. Dans deux circonstances différentes, les deux hommes avaient en commun le sujet de leur interrogation. Pourquoi Dieu, dans sa haute majesté et dans sa puissance, s'intéresse à l'homme dans sa petitesse, malgré sa fragilité ? Ces deux passages sont certainement aptes à éclairer notre sens à la compréhension du dessein de Dieu sur l'homme qu'Il a créé.

Certains passages du Nouveau Testament aident à mieux saisir le sens de certaines vérités de base sur la Révélation du projet de Dieu pour l'humanité. En reprenant et en développant la pensée de David : « Qu'est-ce que l'homme…, pour que tu prennes garde à lui » ? (*Ps* 8,4), l'épitre aux Hébreux dans le sens d'une nouvelle révélation sur l'homme, apparaît comme une réponse et indique l'homme comme l'image et la figure de l'homme nouveau qui devait venir[213]: « En effet, en lui soumettant toutes choses, Dieu n'a rien laissé qui ne lui soit soumis. Cependant, nous ne voyons pas encore maintenant que toutes choses lui soient soumises. Mais celui qui a été abaissé pour un peu de temps au-dessous des anges, Jésus, nous le voyons couronné de gloire et d'honneur à cause de la mort qu'il a soufferte ; ainsi par la grâce de Dieu, il a souffert la mort pour tous » (*Hé* 2, 8-9). L'histoire de la création montre que l'amour et le dessein de Dieu sur l'homme le portent jusqu'à soumettre toute son œuvre à la domination de l'homme. Mais comme l'homme créé n'est qu'une image du Vrai Homme, cet état de soumission de toute la création à sa domination aura son plein accomplissement juste à la plénitude des temps, lorsque Dieu enverra son Fils prendre chair de l'humanité afin de porter l'homme à la dignité de son être (*Gal* 4,4).

Comme une nouvelle révélation sur la première création, l'Épitre aux Hébreux constitue non seulement une lumière pour la compréhension de la place de l'homme dans le dessein de Dieu, mais il éclaire aussi le sens de la souffrance que Job a expérimentée dans sa vie. Par ses souffrances en effet, Job apparaît comme une image du Serviteur-Souffrant de Yahweh (*Is* 52, 13-15. 53, 3-5). « Il convenait, en effet, que celui pour qui et par qui sont toutes choses, et qui voulait conduire à la gloire beaucoup de fils, ait été élevé à la perfection par les souffrances le Prince de leur salut » (*Hé* 2, 10). Bien que les souffrances de l'humanité ne sont pas comparable à celles du Christ, mais l'homme est appelé à suivre ses traces pour espérer de partager sa gloire : « Si nous

---

213 Cf. CONCILE VATICAN II, *Gaudium et Spes*, Op. Cit., N° 22.

persévérons avec Lui, avec Lui nous régnerons également » (*2Tm* 2, 12). Donc, toutes choses seront soumises aux hommes, mais surtout à ceux qui seront rendus semblables au Christ dans la Résurrection (*Ph* 3, 21). Ainsi, nous entrerons à faire partie de la famille de Dieu et nous régnerons avec Lui pour l'éternité (*Ap* 20, 6). Tel est le dessein de Dieu sur l'homme qu'Il a créé, celui de régner avec Lui dans la gloire, bien que cette gloire soit précédée par la souffrance. Et c'est pourquoi Jésus est venu souffrir dans la chair, pour donner un autre sens aux souffrances des hommes et pour que chacun puisse faire partie du Royaume de Dieu.

III.1.2 L'image de Dieu et sa ressemblance dans la créature humaine

Après que Dieu a tout créé et sur le constat que tout ce qu'il a fait était bon, Il dit : « Faisons l'homme à notre image, à notre ressemblance » (*Gn* 1, 26). En observant comment Dieu a procédé dans la création de l'univers et la distinction à laquelle il a créé l'homme, cela ne laisse personne dans l'indifférence.[214] Pour toutes les créatures, on voit un Dieu qui commande, et il y a aussi quelqu'un qui exécute les ordres, et c'est le Fils de Dieu qui participe à l'acte de la création, puisqu'il préexistait avec le temps, il était dans le sein de Dieu et c'est par lui toutes choses ont été faites (*Jn* 1, 1-3) et toutes choses subsistent en lui (*Col* 1, 16). Cependant, au terme de la création, avant même qu'il crée l'homme, le Créateur change de ton, il ne commande plus, mais il s'implique. Il a voulu mettre son empreinte personnelle dans cette créature particulière. De la poussière de la terre, il forme l'homme et de son propre souffle, il lui donne vie (*Gn* 2, 7). C'est la deuxième particularité qui fait de l'homme une créature « unique » parmi toutes les créatures, car en plus d'un corps matériel, il est doté d'un esprit immortel par lequel, il peut dialoguer, communiquer et s'unir avec son créateur.[215]

Dieu a tout créé, mais seulement dans l'homme, il a mis son souffle de vie. Cela veut dire que l'homme, à la Création n'avait pas grand-chose qui le distinguait de Dieu, si bien que la Sainte Écriture l'a exprimé : « Tu l'as fait de peu inférieur à Dieu et tu l'as couronné de gloire et de magnificence » (*Ps* 8, 5). Une des choses qui distinguent l'homme de son Créateur c'est qu'il est doté d'un corps, et Dieu est seulement esprit (*Jn* 4, 24). D'un coup, cela amène à

---

[214] Cf. FRANCO, AMERIO, *La dottrina della fede, Dogma, morale, spiritualità,* Edizioni Ares, Milano 1982, p. 132.
[215] Cf. JEAN PAUL II, *Dominum et Vivificantem,* Op. Cit., N° 34.

comprendre que la création de l'homme à l'image ou à la ressemblance de Dieu ne signifie pas que Dieu ait un corps physique avec lequel celui de l'homme est proche en dimension ou de taille. Mais la ressemblance de Dieu constitue une vocation pour l'homme. C'est-à-dire que c'est au cours de son existence que l'homme doit chercher à ressembler à Dieu. Ainsi, le corps de l'homme reflète la vie de Dieu en tant qu'il a été créé dans une perfection et non soumis à la caducité.

Le fait pour l'homme d'avoir été créé à l'image de Dieu, implique qu'il partage certains des attributs du Créateur comme étant un être spirituel et immatériel. Donc l'image de Dieu dans l'homme est surtout une ressemblance sur le plan spirituelle, mentale, morale et sociale. Et cette image de Dieu est manifeste dans l'homme en tant qu'il est doué de raison et d'une volonté qui l'anime.[216] Sa faculté de choisir et de décider reflète l'intelligence et la liberté de son Créateur. Ou encore, lorsque l'homme fait une invention quelconque, comme dans les grandes industries de production de machines, des appareils volants, et même la plus petite invention, c'est quelque chose qui montre que l'homme est doté d'un esprit créatif qui le rend proche de Dieu-Créateur et donc de peu inférieur avec lui. L'image de Dieu se manifeste dans la vie également au niveau moral, et elle se reflète dans le fait que l'homme et toutes les autres créatures ont été justes et parfaites[217], et il partage ainsi la sainteté de Dieu qui a constaté que tout ce qu'il avait fait était bon (*Gn* 1, 31).

Dieu a voulu créer l'homme à son image, cette image du Créateur dans la créature n'est pas isolée de la relation qui existe entre les trois personnes de la Sainte Trinité. Sur le plan social, l'homme est aussi un être en relation.[218] Ainsi, il s'entretient dans une double relation, avec Dieu et avec ses semblables, car lorsqu'il fut créé, il était en relation avec Dieu[219] (*Gn* 3,8). Ensuite, Dieu lui a créé la femme pour entretenir cette relation horizontale. En absence de la femme qui est son semblable, l'homme était comme isolé dans le jardin, n'ayant personne à qui s'entretenir, jusqu'à ce qu'arrive la justice de Dieu : « Il n'est pas bon que l'homme soit seul » (*Gn* 2, 18). Donc les relations que

---

216 Cf. BENOÎT XVI, *Verbum Domini*, Lettre encyclique sur « l'Esprit Saint dans la vie de l'Église et du monde », du 18 mai 1986, N° 9, dans *DocCath.*,

217 Cf. FRANCO, AMERIO, *La dottrina della fede, Dogma, morale, spiritualità*, Edizioni Ares, Milano 1982, p. 98.

218 Cf. CONCILE VATICAN II, *Gaudium et Spes*, Constitution pastorale sur « l'Église dans le monde contemporain » du 7 décembre 1965, N°12, dans *AAS* 58 (1966), pp. 1025-1115

219 Cf. VINCENT, GUIBERT, *A l'ombre de l'Esprit*, Parole et Silence, Paris 2009, p. 77.

l'homme peut entretenir avec les autres, soit en famille ou en amitié sont des expressions de la ressemblance de Dieu en lui.

III.1.3- Le péché à la place de l'Esprit

Parmi tous les attributs de Dieu, un de ceux qui le caractérisent dans l'acte de la création de l'univers est sa parfaite liberté. Et avec cette liberté, il a aussi créé l'homme, et cela constitue même une de ses images dans l'homme créé. L'homme jouit donc du libre arbitre devant Dieu.[220] La liberté à laquelle Dieu a créé l'homme porte malheureusement Adam à faire le mauvais choix, quoiqu'il fût créé avec une nature juste,[221] il se détourne de son créateur. Par ce choix qui constitue le premier péché, dit « originel », Adam enlève quelque chose de très grande importance à la race humaine. Le souffle de vie que Dieu a pris soin de mettre en lui pour toute l'humanité et la perte de cette grâce l'exclut automatiquement du Paradis dans lequel il a été placé.[222] L'esprit est l'unique chose que l'homme avait en commun avec Dieu, et c'est grâce à l'esprit qui était présent en lui qu'il pouvait entrer en relations avec son Créateur et communiquer directement avec Lui sans l'aide d'un intermédiaire. Avec l'apparition du péché, l'homme a perdu cette dimension spirituelle qui le rendait peu inférieur à Dieu. Il devient privé de l'esprit de Dieu en s'abandonnant au péché. L'image de Dieu est souillée en lui et sa ressemblance avec le Créateur disparaît.[223] C'est désormais le péché qui règne en lui et qui le domine, car il est privé de la grâce que peut lui procurer seulement Dieu.

La nouvelle condition de l'homme devant Dieu fait appel à la question précédente : « Qu'est-ce que l'homme, pour que tu en fasses tant de cas... ? » (*Jb* 7, 16-18). Cette question qui se projette sur le dessein de Dieu pour l'homme met en évidence un autre attribut de Dieu. Sa fidélité. Il est fidèle à son projet pour l'homme, ce, malgré la déviation de ce dernier. Si bien que dans la liturgie eucharistique, la quatrième préface qui retrace l'histoire du salut mentionne : « Père très saint, nous proclamons que tu es grand et que tu as créé toutes choses avec sagesse et par amour. Tu as fait l'homme à ton image..., et comme

---

[220] Cf. Catholicae Disputationes, *Le péché originel*, François-Xavier de Guibert, Paris 2008, p. 79
[221] Cf. Concile Vatican II, *Gaudium et Spes*, Op. Cit., N°13
[222] Cf. Franco, Amerio, *La dottrina della fede, Dogma, morale, spiritualità*, Edizioni Ares, Milano 1982, p. 132.
[223] Cf. Pie XII, *Mediator Dei et hominum*, Lettre encyclique sur « la liturgie et le culte eucharistique », du 20 novembre 1947, N° 1, dans DocCath., 45 (1948), pp. 195-251.

il avait perdu ton amitié en se détournant de toi, tu ne l'as pas abandonné au pouvoir de la mort »[224] Dieu montre que son amour pour l'humanité est plus fort que la force du péché et il ne laissera pas ce dernier dominer sa créature.

Un second plan est donc entré dans l'histoire. Celui de la Rédemption qui apporte une bonne nouvelle pour l'homme perdu dans le péché. Dans le livre du prophète Isaïe, Dieu est appelé « le réparateur des brèches » (*Is* 58, 12), et l'homme est appelé à Le laisser le restaurer, afin de le libérer du pouvoir du péché et de la mort. Il est l'unique à pouvoir racheter l'homme du péché et le porter à la condition originale qui le remet à sa place dans le dessein de son Créateur.[225] Voilà donc le mystère de la Rédemption qui constitue en quelque sorte une nouvelle création. C'est le plan de la récupération à travers laquelle Dieu rachète l'homme du pouvoir du péché et de la mort éternelle. Après de longs siècles d'esclavage à cause du péché, lorsque les temps ont été accomplis : « Dieu envoya son Fils, né d'une femme, né sous la loi, afin qu'il rachetât ceux qui étaient sous la loi, afin qu'ils reçoivent l'adoption par l'envoie dans leurs cœurs de l'esprit de son Fils » (*Gal* 4, 4-6). Pour racheter l'homme du péché, Dieu entend d'abord restaurer l'image originale qui est en lui, créant ainsi l'homme nouveau selon son esprit, dans la justice et la sainteté (*Ep* 2, 8-9). Dans le Christ, l'homme est devenu une nouvelle créature (2 *Cor* 5,17), la ressemblance à Dieu en lui est rétablie.[226] Et le péché n'est plus un motif de séparation entre l'homme et son Créateur. Ce, pas parce que Dieu accepte finalement le péché, mais parce que ce dernier a été vaincu et anéanti par la mort et la Résurrection du Sauveur Jésus-Christ.

III.2- L'homme est racheté du péché et de la mort éternelle

Si « tout a été créé par le Christ et pour le Christ » (*Col* 1, 17), cela implique que la Création elle-même a été en vue de la Rédemption. Cela amène à comprendre que toute l'Ancienne Alliance est une préfiguration de la Nouvelle Alliance dans laquelle la première trouve sa perfection et son accomplissement. Étant une conséquence de la liberté de l'homme qui l'a rendue nécessaire, la Rédemption constitue l'acte par lequel Dieu manifeste sa fidélité à son plan original de porter l'homme à la contemplation de sa gloire.

---

[224] Missel Romain, *Prière eucharistique IV*,
[225] Cf. CONCILE VATICAN II, *Gaudium et Spes*, Op. Cit., N° 14
[226] Cf. PIE XII, *Mediator Dei et hominum*, Op. Cit., 1.

Lorsque le péché est entré dans la Création pour séparer l'homme de son Créateur, Dieu ne l'a pas abandonné à son sort.[227] Il n'était pas inscrit dans le plan de Dieu de perdre sa créature, et Il a tout fait pour le relever de sa chute. D'ailleurs, dès le premier moment où l'homme s'est séparé de son Créateur par le péché, le récit de la chute même montre une assurance de relèvement.[228] Et déjà dans le parcours historique, le peuple d'Israël et les Patriarches furent objets de nombreuses promesses de secours. La libération de l'esclavage d'Égypte constitue déjà une sorte de rachat social moral pour le peuple (*Dt* 9, 26. 13,5).

Dans la représentation du livre de la Genèse, la première conséquence du péché de nos parents s'exprime sous la forme d'une condamnation de la part de Dieu. C'est au milieu des mots très sévères qui expriment la condamnation que Dieu prononce également une parole d'espérance qui constitue pour lui une promesse et un engagement.[229] En effet, s'adressant au tentateur qui a causé la chute de la femme, Dieu prédit la vengeance de cette dernière sur son futur ennemi : « Et je mettrai inimitié entre toi et la femme, et entre ta semence et la semence de la femme, et celle-ci te brisera la tête » (*Gn* 3,15). Cette semence, vue dans la personne de Jésus, fils de Marie écrasera la tête du serpent. C'est une prophétie qui paraissait obscure, mais aujourd'hui mise en lumière pour tous.

La Rédemption est au cœur du christianisme. Elle prédomine au point que le christianisme en soi est défini comme la religion de Rédemption.[230] En effet, sur le plan historique, c'est en l'an trente de l'ère chrétienne que s'est apparu le christianisme à la prédication de Jésus de Nazareth. À cette époque, certaines religions comme le Bouddhisme, l'hindouisme et le judaïsme existaient déjà. Contrairement à l'islam qui naîtra environs six siècles après Jésus-Christ. L'étymologie même du mot christianisme traduit son origine dans le Christ. Venant du grec Χριστός / *Christós* qui traduit מָשִׁיחַ / mashia'h en hébreu pour traduire le Messie en français, c'est-à-dire celui qui a reçu l'onction. Jésus-Christ, s'étant proclamé le Messie qui vient pour délivrer le peuple : « L'Esprit du Seigneur est sur moi, parce qu'il m'a consacré pour

---

[227] Cf. Missel Romain, *Prière eucharistique IV*.
[228] Cf. FRANCO, AMERIO, *la dottrina della fede*, Op. Cit., p. 139.
[229] Cf. Ibid.
[230] Cf. TOPCHRETIEN.COM, *Rédemption*, dans URL
https://topbible.topchretien.com/dictionnaire/redemption/, site visité le 12 juin 2021 à 17.00.

annoncer une bonne nouvelle aux pauvres ; Il m'a envoyé pour guérir ceux qui ont le cœur brisé, Pour proclamer aux captifs la délivrance, Et aux aveugles le recouvrement de la vue, Pour renvoyer libres les opprimés, Pour proclamer une année de grâce du Seigneur » (*Lc* 4, 17-19). Il est donc le Messie prophétisé dans l'Ancien Testament.

III. 2.1- De la création à la filiation

La raison humaine, malgré les nombreuses interrogations, n'arrive pas à se donner une réponse sur ce qu'aurait été la vie de l'homme sur la terre si le péché et la mort n'étaient intervenus pour y mettre une fin. De même, on s'interroge sur la relation entre le péché originel et la Rédemption. En effet, si la Rédemption est l'intervention divine en faveur du rétablissement de l'homme dans sa position avant le péché, elle paraît alors la conséquence positive du péché. Un bien suprême qui surgit après un mal destructif, si bien que la nuit de Pâques, la joie de la Rédemption fait chanter à l'Eglise: *O felix culpa, quae talem ac tantum meruit habere Redemptorem* « Oh bienheureuse faute de l'homme, qui valut au monde en détresse le seul Sauveur ».[231] Cependant, le mystère de la Rédemption n'a pas seulement rétabli l'homme devant Dieu comme pour récupérer sa place dans le plan original du Créateur, mais Il a fait des hommes des enfants de Dieu en se faisant Lui-même fils de l'homme par son Incarnation. L'homme n'est plus une simple créature de Dieu, mais il a un nouveau statut devant Dieu. Il est devenu fils adoptif dans le Fils unique de Dieu (*Jn* 1, 12).

Depuis les premiers siècles de l'histoire de l'Église, les Pères avaient compris et enseigné ce motif de l'Incarnation du Verbe, que Dieu a assumé la condition humaine pour la guérir de tout ce qui la sépare de Lui, pour permettre à l'homme de L'appeler, dans son Fils unique par le nom « Père » et qu'il le soit réellement[232] (*1Jn* 3,1). Reprenant l'enseignement de saint Paul sur la filiation divine, le magistère de l'Église affirme avec saint Irénée : « C'est la raison pour laquelle le Verbe s'est fait homme et le Fils de Dieu, Fils de l'homme : afin que l'homme, en entrant en communion avec le Verbe et en recevant ainsi la filiation divine, devienne fils de Dieu ».[233] Saint Athanase

---

[231] Cf. Jᴇᴀɴ Pᴀᴜʟ II, *Redemptor Hominis*, Lettre encyclique sur « le Christ, Rédempteur de l'homme », du 4. 03. 1979, N° 1, dans *DocCath.*,
[232] Cf. Bᴇɴᴏɪᴛ XVI, *Audience générale du mercredi 9 janvier 2013*.
[233] CEC., Op. Cit., N° 460.

résume ainsi cet enseignement en affirmant que le Fils de Dieu s'est fait homme pour que les fils des hommes deviennent fils de Dieu.[234] Cette thèse trouve son appui dans la lettre de l'apôtre Paul aux Galates qui éclaire le sens du passage de l'homme à la filiation divine : « Mais lorsque les temps furent accomplis, Dieu a envoyé son Fils, né d'une femme et sous la loi, pour que nous recevions l'adoption filiale. Et parce que vous êtes des fils, Dieu a envoyé dans notre cœur l'Esprit de son Fils, qui crie : « Abba ! Père ! » Ainsi, tu n'es plus esclave, mais fils ; et si tu es aussi héritier, du fait de Dieu » (*Gal* 4, 4-7).

À la lumière de ce passage de saint Paul et d'autres versets du Nouveau Testament, le mystère de l'Incarnation est vu comme étant le mystère du nouvel homme. Par l'Incarnation, Jésus, n'a pas renoncé à sa nature divine, c'est-à-dire, en se faisant vraiment homme, il reste vraiment Dieu.[235] C'est pourquoi tout homme qui entre en communion avec Lui reçoit la dignité de fils de Dieu.[236] Saint Jean-Paul II, pour sa part, mettra en lumière cette nouvelle dimension de l'homme dans le Christ lorsqu'il affirme que le mystère de l'homme ne s'éclaire réellement qu'à la lumière de l'Incarnation.[237] En prenant la nature humaine, Jésus s'est identifié en chaque homme : En vérité, je vous le dis : « Toutes les fois que vous avez fait ces choses à l'un de ces plus petits de mes frères, c'est à moi que vous l'avez faites » (*Mt* 25, 40). À celui qui l'interroge sur ce qu'il doit faire pour avoir part au Royaume des cieux, Jésus recommande l'amour du prochain comme itinéraire pratique pour avoir accès à la gloire du Père céleste (*Mt* 19, 21 ; *Mc* 12, 31).

III.2.2- Le couronnement de l'homme dans la gloire du Père

Cette dernière partie de notre réflexion nous conduit au sommet de la dimension humaine devant Dieu. La réalisation du plan de Dieu sur l'homme. Après que l'homme ait été créé pour la gloire,[238] il avait perdu par le péché le privilège et l'espoir de voir Dieu un jour. Car le péché l'a privé de sa gloire (*Rm* 3, 23-25). Le dessein de Dieu sur l'homme de le voir dans la gloire à la fin de

---

[234] Cf. Ibid.

[235] Cf. CEC, 464.

[236] Cf. JEAN PAUL II, *Christifideles Laici*, OP. Cit., N° 11.

[237] Cf. JEAN PAUL II, *Rosarium Virginis Mariae*, Lettre apostolique sur « le Rosaire de la Vierge Marie » du 16 octobre 2002, N° 25, dans *DocCath.*, 99 (2002), p. 951 – 969 ; CONCILE VATICAN II, *Gaudium et Spes*, Op. Cit., N° 22.

[238] Cf. CEC, N° 293.

son existence terrestre,[239] se réalise grâce au mystère de l'Incarnation. Par ce mystère, Dieu a donné à la vie humaine la dimension qu'il voulait donner à l'homme dès la création du monde.[240] L'histoire de l'homme atteint donc son sommet dans le dessein d'amour de son Créateur.[241] Pendant son passage sur la terre, Jésus a vécu en homme parfait, il a cheminé aux côtés des hommes pour leur montrer la route qui conduit au Père, c'est-à-dire comment vivre en présence de Dieu pendant l'existence terrestre jusqu'au jour où ils seront appelés à entrer dans la gloire céleste.

Jésus étant le seul chemin qui conduit au Père : « nul ne vient au Père que par moi, je suis le Chemin, la Vérité et la Vie », (*Jn* 14, 6), par le mystère de son Incarnation, Il a rendu les hommes semblables à Lui[242] (*Hé* 2, 17). Cela implique que la ressemblance de Dieu qui était présente dans le premier homme et qui a été perdue par le péché, est récupérée en Jésus. Cela fait que cette nouvelle créature qu'est l'homme de la Rédemption devient également en Jésus un itinéraire vers le Père. En effet, le double commandement de l'amour montre Dieu comme étant le but ultime de l'être humain, mais que l'homme constitue le chemin pour y parvenir : « Tu aimeras le Seigneur, ton Dieu de tout ton cœur, de toute ton âme et de toute ta pensée, et tu aimeras ton prochain comme toi-même » (*Mt* 22, 37.39). Par la loi divine, l'homme est donc appelé à aimer son Créateur d'un amour qui va même au-delà de ses propres capacités et qui supposent une appartenance totale à l'être suprême.

Tu aimeras ton prochain comme toi-même (*Mt* 22, 39). Comment aimer Dieu sinon dans le visage du prochain ? Du fait que l'homme a été créé à l'image de Dieu, sa connaissance sur Dieu le porte d'abord à L'aimer, et cet amour ne peut se manifester que dans un échange réciproque et fraternel entre les humains. Le Seigneur Lui-même l'a ainsi voulu en commandant à l'homme d'aimer son prochain comme soi-même (*Mt* 22, 39). Le commandement de l'amour est le plus important parce que c'est en lui que l'homme atteint sa propre perfection (*Col* 3, 14). En effet, l'homme atteint cette perfection dans l'amour du prochain parce que c'est par amour pour les hommes que le fils de Dieu s'est incarné et

---

[239] Cf. CONCILE VATICAN II, *Lumen Gentium*, Op. Cit., N° 2.
[240] Cf. JEAN PAUL II, *Redemptor Hominis*, Op. Cit., N° 1.
[241] Cf. Ibid.
[242] Cf. CONCILE VATICAN II, *Gaudium et Spes*, Op. Cit., N° 22.

rendu semblable aux hommes. Ainsi, en s'aimant les uns les autres, les hommes répondent à l'amour du Christ, car ils s'identifient avec lui (*Jn* 13, 35).

L'importance centrale du Décalogue est mise en évidence par les paroles de l'Évangile par lesquelles Jésus l'a soutenu, complété et perfectionné en affirmant : « Si vous voulez entrer dans la vie, gardez les commandements » (*Jn* 14, 15 ; *Mt* 19, 17). L'amour authentique doit se faire voir dans les œuvres : obéir et croire en celui que l'on aime. Et enfin, il résume ces commandements dans une note positive : « Tu aimeras ton prochain comme toi-même ». S'enchaîne ensuite la seconde réponse qui complète la première : « Si tu veux être parfait, va, vend ce que tu possèdes et donne-le aux pauvres, et viens me suivre » (*Mt* 19, 21). L'ancienne loi n'a donc pas été abolie avec la venue de Jésus. En effet, le jeune homme de l'Évangile est d'abord appelé à l'observer puis à aller au-delà en devenant un disciple de Jésus, en suivant la voie du Seigneur, dans laquelle la perfection de la morale et de la sainteté est entièrement réalisée.

L'homme ne serait-il pas menteur, comme le dit saint Jean s'il prétend aimer Dieu qu'il ne voit pas, et ne partage pas son pain avec l'affamé qui crie devant sa maison, s'il n'emmène pas chez lui le pauvre sans abri, etc. ? Le Seigneur Jésus est venu en personne, comme le docteur de la charité et Il a montré que la loi et les prophètes sont contenus dans les deux préceptes de la Charité. Il faut donc aimer Dieu et le prochain ; Dieu de tout son cœur, de toute son âme, de tout son esprit et le prochain comme soi-même. L'amour de Dieu est donc premier dans l'ordre des préceptes et celui du prochain est premier dans l'ordre de la pratique. Celui qui commande à l'homme cet amour avec ses deux préceptes, ne pourrait pas en effet lui présenter le prochain comme le premier objet de son amour, mais il l'ordonne d'abord d'aimer Dieu et ensuite le prochain. L'amour pour le prochain était déjà contemplé dans l'Ancien Testament (*Lv* 19, 18), et Jésus le confirme en le mettant à la place qu'il lui faut dans le contexte de la loi. C'est le second qui est semblable au premier.

L'homme, puisqu'il ne voit pas encore Dieu, c'est en aimant le prochain qu'il mérite de Le voir ; en aimant le prochain, il purifie son œil afin de parvenir à la vision de Dieu. L'apôtre Jean, dans sa deuxième aux églises, le déclare formellement : « si tu n'aimes pas ton prochain que tu vois, comment pourras-tu aimer Dieu que tu ne vois pas » (*1Jn* 4, 20) ? Celui qui aime son prochain contemple en lui-même la source de son amour, c'est là qu'il verra Dieu autant qu'il lui sera possible. En aimant donc son prochain, en prenant soin de lui, l'homme fait du chemin, et ses pas ne le dirigent que vers le Seigneur son Dieu, vers Celui qu'il doit aimer de tout son cœur, de toute son âme et de tout son esprit. L'homme n'est pas encore parvenu jusqu'au Seigneur, mais il a le prochain. Qu'il manifeste son amour envers celui avec qui il marche et vit avec dans le coude à coude au quotidien afin de parvenir jusqu'à celui avec qui il désire demeurer éternellement, en mettant en pratique le commandement de l'amour de Dieu et du prochain.

En observant les commandements de Dieu, l'homme cherche à demeurer dans son amour. « Vous m'aimez si vous gardez mes commandements » (*Jn* 14, 15). Mais sans la prière, la vie peut se transformer en un véritable fardeau pour l'homme. Car devant le mystère divin que l'homme ne comprendra jamais, il ne cessera aussi de s'interroger. C'est à ce point que la foi le portera à faire de ses interrogations des objets de prière. La prière étant le lien qui unit l'homme à Dieu dans un dialogue de Père à fils, est le point culminant où toutes les incertitudes de l'homme se dissipent. Quand nous éprouvons le sentiment que certaines vertus diminuent en nous, nous n'avons qu'à nous adresser à notre Père céleste dans la prière pour qu'Il intervienne dans notre vie et renforce en nous la foi, l'Espérance et la Charité et surtout notre capacité de prier. En étant des hommes et des femmes de prière, l'homme ne fait qu'imiter le Christ qui a passé toute son existence terrestre en parfaite communion avec le Père étant uni avec lui dans la prière.

Tout le parcours historique et spirituel de l'homme est en vue de sa gloire et sa configuration au Rédempteur pour parvenir au Créateur grâce à l'œuvre de l'Esprit Saint. L'homme a reçu dans son Baptême une vocation particulière, il est appelé à être saint à la manière de son Père céleste : « Soyez parfaits comme votre Père céleste est parfait » (*Mt* 5, 48). Donc, quelle est cette sainteté à laquelle l'homme est appelé ? Cette question suppose une préoccupation de la part de l'homme qui cherche à réaliser cette vocation. Dans son exhortation apostolique *Gaudete et Exultate* sur l'appel à la sainteté dans le monde moderne, le Pape François ne manque pas de clarifier cet appel de Dieu qui porte sa créature devant sa face.[243] À travers leur témoignage, les saints de l'histoire

---

[243] Cf. FRANÇOIS, *Gaudete et Exsultate*, Op. Cit., nn. 1-2.

constituent pour l'homme de tous les temps des stimulants pour la route vers la sainteté, et ils nous aident à nous fixer vers ce sommet.[244] Ainsi, le culte des saints dans l'Église constitue pour elle une manière efficace d'aider les fidèles à espérer dans la possibilité que cette promesse se réalise, car en regardant nos frères et sœurs qui sont déjà glorifiés, et connaissant leur mode de vie, nous pouvons, nous aussi les imiter pour parvenir, grâce à leur témoignage de vie dans le Christ et leurs enseignements, à accueillir l'appel de Dieu comme un don du ciel.[245] L'imitation des amis Dieu constitue un itinéraire certain pour construire son propre amitié le Seigneur.

III.3- Le culte des saints

Avant même de parvenir à la nature du culte des saints et d'indiquer en quoi cela consiste, il revient d'abord de savoir ce qu'est un saint. En fait, nombreux sont ceux qui critiquent fortement le concept de la sainteté qui implique l'homme en tant que simple créature de Dieu. Mais ces critiques ne tiennent pas compte de la volonté de Dieu lui-même qui, non seulement a créé l'homme à sa ressemblance, mais qui le destine à être saint. Dans la célébration de chaque Eucharistie, nous proclamons que Dieu est trois fois saint.[246] Nous le disons en répétant les Chérubins et les Séraphins qui proclament la triple sainteté de Yahvé (*Is* 6, 3).

Tout comme sous la recommandation de l'Apôtre Pierre, nous disons au Christ qu'il est le seul Saint, le seul Seigneur (*1Pe* 3, 15). Donc, les hommes ne sont saints que dans la mesure où Dieu a fait d'eux ses consacrés. Et c'est Lui-même qui, dans son amour, appelle tous les hommes à être saints comme Lui : « Soyez saints, parce que je suis saint, moi le Seigneur votre Dieu » (*Lv* 19, 2). Dans la Bible, le peuple d'Israël est appelé *peuple saint* parce qu'il est le peuple choisi de Dieu, le peuple sacerdotal et royal (*Ex* 19, 5-6). L'Église du Christ est de nature sainte, parce qu'elle est le nouveau peuple de Dieu (*1Pe* 2, 9). Elle est sainte et immaculée (*1Pe* 3, 15) car le Christ l'a lavée dans son sang.

Dans ses lettres pastorales, saint Paul développe une théologie du concept de la sainteté qui implique l'homme contemporain. Dans la théologie de saint Paul, la sainteté est d'abord attribuée aux baptisés, et il appelle saints

---

[244] Cf. FRANÇOIS, *Gaudete et Exsultate*, Op. Cit., N° 3.
[245] Cf. ROBERT, SARAH – NICOLAS, DIAT, *Dieu ou rien, un entretien sur la* foi, Fayard, Paris 2015, p. 395
[246] Dans la liturgie eucharistique, le chant « Sanctus » proclame la sainteté de Dieu où nous chantons les merveilles de Dieu qui remplissent le ciel et la terre, l'univers visible et invisible. Nous bénissons celui qui vient au nom du Seigneur du haut des cieux.

non seulement les chrétiens de Rome (*Rm* 1, 7), mais également ceux de Jérusalem (*Rm* 15, 25). Donc la sainteté de l'Église, qui est le corps du Christ, est communiquée à tous ceux qui deviennent ses membres par le moyen du Baptême. Cependant, à partir du moment où l'Église commence à vénérer les martyrs de façon particulière, le titre de *saint* est réservé d'une manière de plus en plus exclusive aux fidèles du Christ qui ont su, pendant leur passage sur la terre, témoigner leur amour pour le Seigneur et pour son Évangile. Voilà donc ce qu'est un saint. C'est d'abord un homme pécheur qui a été racheté par le Sacrifice du Christ, et donc un chrétien ayant vécu dans l'amitié du Seigneur[247], avec les yeux fixés sur Lui pour Le suivre. C'est quelqu'un qui a su se laisser façonner par le Christ.

Certaines dimensions de la vie quotidienne peuvent bien aider à comprendre le rôle des saints dans le cheminement des chrétiens vers la patrie céleste. En effet, comme dans une salle de classe, il y a un professeur, qui, dans le passé a été élève et aujourd'hui professeur. Il est là aux côtés de ceux qui lui sont confiés pour les aider, les indiquer par son enseignement, par son témoignage et aussi par son style de vie, la route qui conduit à la réussite, pour qu'eux aussi puissent prendre la même route s'ils veulent arriver là où il est. C'est exactement la même chose pour les saints. Ce sont des personnes comme nous, ayant connu les tracas de la vie comme nous, ils ont connu la misère, la faim, la persécution, etc. Mais ce sont des gens qui, devant les difficultés de la vie, ont su garder le regard fixé sur Jésus. Voilà en quoi ils sont des modèles pour l'homme d'aujourd'hui. Ils sont des frères qui nous ont précédés sur la route du salut. C'est dans un souci d'accompagnement maternel que l'Église propose à ses fils la figure des saints comme leur guide pour un itinéraire certain vers le salut. Car étant couronnés dans la gloire céleste, leur enseignement et leur mode de vie nous servent de guide pour arriver, nous aussi, là où ils sont.

III.3.1- En quoi consiste donc le culte des saints ?

D'une manière générale, le mot « culte » traduit un ensemble de pratiques d'hommage ou de vénération rendu par un individu ou une

---

[247] Cf. Missel Romain, *Prière Eucharistique II*, Desclée-Mame, Paris 1974⁵, [115].

communauté à une divinité, à un être vivant mythique ou réel ou à un phénomène dont on reconnaît une supériorité d'excellence ou de sacré.[248] Le terme est d'origine latine *cultus* du verbe *colere* qui signifie « cultiver » ou « honorer ».[249] Rendre un culte c'est donc cultiver une relation avec l'être auquel le culte est rendu pour le bénéfice moral ou matériel (paix, richesse économique ou spirituelle, santé, salut éternel, etc.) de ceux qui le pratiquent.[250] Le culte est un élément central et commun à toutes les religions, il désigne le moment où les fidèles se réunissent et entrent en communion avec la/les divinité/s et entre eux. Il s'exprime à travers des actes qui le caractérisent comme : le sacrifice, l'offrande, la prière (invocation, louange, demande), le chant et la musique, la lecture des textes sacrés, la prédication, les pèlerinages, etc.[251] Dans le milieu protestant, le terme est largement utilisé pour désigner l'ensemble des services religieux, publics ou privés.

Le culte, pouvant assumer plusieurs dimensions dépendamment de son objet, la théologie catholique s'empresse de distinguer le culte d'adoration *latrie* rendu exclusivement à Dieu et celui de vénération *dulie* rendu aux saints.[252] En effet, la pratique populaire chrétienne qui consiste à rendre un culte aux saints, avec les mépris ou les excès auxquels cela peut conduire, a amené les théologiens et l'Église elle-même à clarifier la question et ainsi éviter les critiques aveugles auxquelles peut conduire la confusion. Le code du droit canonique est tout à fait explicite quant à la différence des deux cultes en affirmant : « A la Très Sainte Trinité, à chacune de ses trois personnes, à Jésus-Christ notre Seigneur, même présent sous les espèces sacramentelles, est dû un culte de *latrie* ; à la Bienheureuse Vierge Marie le culte d'*hyperdulie*, à tous les autres saints qui règnent avec le Christ dans les cieux, le culte de *dulie* ».[253] Ce culte spécial envers la mère du Seigneur traduit l'expression de sa grandeur

---

[248] Cf. DOMENICO, BERTETTO, *Maria, madre universale*, Mariologia, 5, Libreria Editrice Fiorentina, Firenze 1957, 685-730.

[249] Cf. SETTIMIO, CIPRIANI, *Culto* dans ANTONIO M., BOZZONE, *Dizionario ecclesiastico*, (dir.), ANGELO, MERCATI - AUGUSTO, PELZER, Op. Cit., Vol. I, p. 790.

[250] Cf. EMILE, NEUBERT, *la devozione a Maria*, Ancora, Milano 1952, p. 9.

[251] Cf. *Alpha Encyclopédie*, Tome 5, éd. Grange Batelière (Paris), Kister (Genèvre), Erasme (Bruxelles - Anvers), 1969–1970, 1784, dans URL : <https://www.abebooks.fr/rechercher-livre/titre/grande-encyclop%E9die-alpha-des-sciences-et-des-techniques-astronomie-physique-du-globe/auteur/collectif/>, site visité le 23 août 2020 à 11.00 AM.

[252] Cf. SETTIMIO, CIPRIANI, *Culto* dans ANTONIO M., BOZZONE, *Dizionario ecclesiastico*, (dir.), ANGELO, MERCATI - AUGUSTO, PELZER, Op. Cit., Vol. I, p. 790.

[253] CODE DE DROIT CANONIQUE (1917), can. 1255. Le canon est entré en vigueur le 19. 05. 1918, et il a été abrogé par le code de 1983.

que l'Église reconnaît et professe par rapport à tous ceux qui, en imitant ses vertus, ont été aussi honorés dans la gloire céleste.

Marie est la servante par excellence du Seigneur et la première à l'avoir choisi. Elle apparaît le modèle sur qui les autres serviteurs ont modelé leur vie de disciple et serviteurs du Christ.[254] En conséquence, l'Église l'honore avec ce culte spécial d'*hyperdulie* qui la distingue des saints, mais qui l'a aussi reconnue comme une créature et en dessous des personnes divines.[255] Dans cette même lignée, le code du droit canonique exhorte les fils de l'Eglise à la dévotion mariale : « il est bon et utile d'invoquer en les suppliant les serviteurs de Dieu qui règnent avec le Christ, comme de vénérer les reliques et leurs images, mais plus qu'envers les autres saints, les fidèles doivent professer une dévotion envers la Bienheureuse Vierge Marie ».[256] Elle, en effet, est le modèle insurpassable pour ceux qui désirent accueillir le Christ dans leur vie.

Le terme « culte » peut aussi prendre une connotation péjorative lorsqu'il est considéré comme outrancier ou adressé à un objet dont la dignité fait défaut. C'est le cas pour le culte de l'argent, celui du veau d'or (Ex 32, 1-20) ou encore le culte de la personnalité. De ce fait, selon la manière dont il touche son objet, le culte peut être *absolu* ou *relatif*. Par le culte absolu en effet, on entend l'hommage rendu à une divinité ou à un être en raison de sa vertu intrinsèque à laquelle le culte est rendu. Cependant, le culte relatif est l'honneur rendu à quelqu'un en relation à un être qu'il représente.[257] En ce sens, le culte passe par une sorte de canal pour atteindre son objet absolu. Dans la foi de l'Église catholique, les deux cultes sont visibles dans la pratique. En effet, le culte d'adoration à Dieu est un culte absolu qui rejoint directement son objet sans aucune médiation, mais lorsque, dans le culte, nous vénérons la croix de Jésus, les images et les reliques des saints, etc., c'est en relation à la personne de Jésus et les saints que l'Église les vénère et non que le culte leur soit absolu qui serait de la pure idolâtrie.

---

[254] Cf. Cinquieme Conference generale de l'episcopat latino-americain et des Caraïbes, Aparecida, *Disciples et missionnaires de Jésus Christ pour que nos peuples aient la vie en Lui*, Bayard-Cerf-Fleurus-Mame, Paris 2008, N° 266, p. 153.

[255] Cf. Groupes des Dombes, *Marie dans le dessein de Dieu et dans la communion des saints*, Bayard, Paris 1999, nn. 122-135, pp. 70-77.

[256] Code de droit canonique (1917), can. 1276.

[257] Cf. Ibid.

Le culte des saints constitue le canal par lequel passe le rapport du peuple de Dieu avec eux, il est en étroite connexion avec l'existence réelle de son objet et celle de ceux qui le pratiquent.[258] Car un culte est digne de valeur dans la mesure où il dérive de la qualité d'une existence vécue dans la rectitude des valeurs morales et de la foi chrétienne. Le culte des saints dans l'Église trouve sa légitimité dans la volonté même de Dieu qui a voulu depuis l'origine de la création élever l'homme à la dignité de son être pour Le rejoindre dans sa gloire après une existence pendant laquelle chacun est appelé à collaborer à sa propre rédemption en accueillant le message du salut.[259] De part cette volonté divine d'associer tout homme à sa nature, il résulte de la nécessité pour le reste du genre humain de reconnaître l'excellence de ces héros qui ont mené le bon combat de la foi et qu'ils sont des témoins authentiques de la promesse divine[260] et d'exprimer cette reconnaissance dans le culte qui leur est dû.

Le culte des saints dans l'Église puise ses origines dans les Saintes Écritures et les paroles de Jésus qui l'a fondé. En effet, déjà dans l'Ancien Testament où le culte chrétien puise son origine, il y avait uniquement le culte à Dieu (un Tabernacle, un Temple et une Loi).[261] Cependant, Jésus enseigne qu'il faut adorer le Père en esprit et en vérité (*Jn* 4, 24). Il a donc ainsi institué le culte spécial par lequel le Père est honoré et glorifié : « Faites ceci en mémoire de moi » (*Lc* 22, 19). Ce culte divin et spirituel est exercé dans l'Église depuis les premiers temps de l'histoire, mais peu à peu, le culte des saints y est ajouté. Le culte des saints s'exerce quant à lui dans une double dimension : *humaine et chrétienne*.

La dimension humaine du culte des saints fait référence au fait que les peuples de l'antiquité avaient la tradition de vénérer par des cérémonies particulières et publiques ceux d'entre eux qui avaient une bonne réputation dans la communauté.[262] L'anniversaire de la mort était pour la communauté l'occasion de célébrer un culte de vénération envers eux. À ce motif humain et traditionnel, s'ajoute un motif qui est distinctement chrétien. En effet, les gens croyaient dans l'immortalité, ils avaient une compréhension de la communion

---

[258] Cf. *La presenza di Maria nella missione evangelizzatrice del popolo di Dio,* XIII settimana di studi mariani, Loreto dal 17 al 21 septembre 1973, p. 52.
[259] Cf. DOMENICO, BERTETTO, *Maria, madre universale*, Op. Cit., p. 707.
[260] Cf. FRANÇOIS, *Gaudium et Exsultate,* Op. Cit., N° 3
[261] Cf. PIACENTINI, ERNESTO, *Nuovo corso sistematico di mariologia sub luce Immaculatae*, Bannò, Roma 2002, p. 186.
[262] Cf. Ibid.

des saints et la relation entre ceux des membres du corps mystique du Christ (l'Église) qui sont entrés dans la gloire du Père et ceux qui sont encore en marche vers la même contemplation.[263] Ainsi commence le culte envers les martyrs et de ceux que la communauté retient avoir vécu en bons disciples et imitateurs du Christ. Donc, si l'Église a toujours honoré la mémoire des martyrs, c'est en tant qu'ils sont des imitateurs de Jésus-Christ et par conséquent, ils sont pour le peuple chrétien des modèles à imiter.

Le culte des saints est témoigné dans l'Église depuis les premiers siècles de son histoire. En effet, certains témoignages datant des premiers siècles éclairent le sens du culte des saints. À titre d'exemple, dans une lettre qui date vers les 156 sur la célébration des martyrs, les chrétiens de Smyrne, clarifient déjà la nature de ce culte que l'Église continue d'exercer envers le Seigneur à travers ses saints. Ils affirment en effet : « Nous adorons le Christ, parce qu'il est le Fils de Dieu ; quant aux martyrs, c'est en leur qualité de disciples et d'imitateurs du Seigneur que nous les aimons ».[264] Saint Augustin aura, plus de deux siècles plus tard, à préciser que : « si nous honorons les martyrs, à aucun d'eux nous n'élevons d'autel ».[265] En effet, quel prêtre ou quel Évêque, en arrivant dans un lieu de culte, une Église et dit : « Nous offrons à toi saint Pierre, saint Jean-Baptiste ou saint André » notre sacrifice de louange et d'adoration ?

La louange que l'Église offre en sacrifice, elle l'offre à Dieu et à Dieu seul, qui par sa grâce a rendus saints, ceux qui lui sont fidèles et qui ont persévéré dans les épreuves de la vie courante. Il les a couronnés de sa gloire et de sa splendeur.[266] Ainsi, qu'il soit clair que, quand l'Église célèbre la fête ou la mémoire d'un saint, on ne célèbre pas le saint en soi, qui n'aurait aucun mérite pour sa part, mais c'est Dieu qu'on célèbre. La fête des saints consiste essentiellement à rendre grâce au Seigneur. Dans la fête d'un saint, nous rendons grâce à Dieu qui a rendu saint et couronné de sa gloire un homme comme nous, un frère, et nous demandons à Dieu de nous accorder la grâce d'imiter ce frère à travers l'exemple de sa vie et de suivre son enseignement, et par son intercession pour que nous obtenions à la fin de notre vie sur la terre

---

263 Cf. Ibid.
264 MARTYRE DE POLYCARPE, *Lettre de l'Église de Smyrne*, dans URL:<
http://www.clerus.org/bibliaclerusonline/pt/ku1.htm>, site visité le 15 juin 2021 à 11.45 AM.
265 PIERRE, JOUNEL, *Le culte des saints dans l'Église catholique*, dans *Maison-Dieu*, 147 (1981), 135-146.
266 Cf. Concile Vatican II, *Gaudium et Spes*, Op. Cit., N° 12.

les mérites de sa gloire. Cela constitue le contenu des prières de collecte que nous retrouvons dans la fête des saints. Voici en exemple quelques-unes des prières que l'Eglise élève au Seigneur à l'occasion de la fête des saints :

La prière de l'Église pour la fête solennelle de l'Immaculée Conception[267] :

> « Seigneur, tu as préparé à ton Fils une demeure digne de lui par la conception immaculée de la Vierge ; Puisque tu l'as préservée de tout péché par une grâce venant déjà de la mort de ton Fils, accorde-nous, à l'intercession de cette Mère très pure, de parvenir jusqu'à toi, purifiés, nous aussi, de tout mal ».[268]

Par Jésus le Christ, notre Seigneur.

Pour la mémoire de la Notre-Dame du Rosaire[269] :

> « Que ta grâce, Seigneur notre Père, se répande en nos cœurs : Par le message de l'Ange, tu nous as fait connaître l'incarnation de ton Fils Bien-aimé, Conduis-nous par sa passion et par sa croix, avec l'intercession de la Vierge Marie, Jusqu'à la gloire de la Résurrection ».[270]

Par Jésus le Christ Notre Seigneur.

---

[267] La fête de l'Immaculée Conception est une fête chrétienne qui célèbre la conception immaculée de la Vierge Marie. Elle est célébrée le 8 décembre en tant solennité par l'Église catholique. Cette date correspond à neuf mois avant la fête de la Nativité de la Vierge, qui est célébrée le 8 septembre. La fête de l'Immaculée Conception est l'une des fêtes mariales les plus importantes du calendrier liturgique de l'Église catholique. C'est une fete de précepte. Ses premières traces remontent deja au VIIIème siècle et au IXème siècle, elle était deja connue en Irlande, au Danemark et en Angleterre. Lors du Concile de Bâle en 1439, elle est rendue obligatoire dans toute l'Église.

[268] *Missel Romain,* Collecte de l'Immaculée Conception, p. 464.

[269] Notre-Dame du Rosaire est, dans l'Église catholique, une des nombreuses dénominations de la Vierge Marie, donnée depuis qu'elle s'est présentée sous ce vocable à saint Dominique, au XIIIème siècle à Prouilhe (aujourd'hui Fanjeaux). L'Ordre dominicain en fut un ardent propagateur. Le 13 octobre 1917 à Fátima, au Portugal, elle s'est aussi présentée sous ce nom. Notre-Dame du Rosaire est fêtée le 7 octobre par l'Église catholique. Le rosaire, l'objet, est un grand chapelet composé d'une croix suivie de grains ronds, gros et petits, enfilés sur une corde. Il permet aux chrétiens catholiques de méditer des épisodes de la vie joyeuse, lumineuse, douloureuse et glorieuse de Jésus : les mystères. Un Ave Maria est récité sur les petits grains, et la prière du Notre Père sur les gros grains. À la fin de chaque dizaine, l'on récite un Gloire au Père. La fête de Notre Dame du Rosaire s'appelait d'abord Notre Dame de la Victoire pour fêter la victoire de Lépante le 7 octobre 1571, bataille qui unit l'Espagne, la république de Venise et les États pontificaux contre l'envahisseur ottoman, victoire qui fut attribuée à la récitation du rosaire demandée alors par le pape saint Pie V. Son successeur Grégoire XIII changea en 1573 le nom de cette fête locale en fête du Saint-Rosaire, fixée le premier dimanche d'octobre. Elle a donc été instituée pour méditer les mystères mariaux et s'unir à la vie de la Vierge, ainsi que pour se souvenir secondairement de la libération de l'Occident devant la menace ottomane. Clément XI étend la fête du Saint-Rosaire à l'ensemble de l'Église catholique de rite latin en 1716 à la suite de la victoire des Impériaux sur les Ottomans à Petrovaradin/Peterwardein (auj. en Serbie) et saint Pie X en fixe la fête le 7 octobre en 1913. Saint Jean XXIII change une nouvelle fois son nom en Notre-Dame du Rosaire en 1960.

[270] *Missel Romain, La prière de la collecte pour le jour où l'Église célèbre la Notre-Dame du Rosaire,* p. 431.

Pour la mémoire de saint Thomas d'Aquin, l'Église prie ainsi :

> « Dieu qui as fait de saint Thomas d'Aquin un modèle admirable par recherche
> d'une vie sainte et son amour pour la science sacrée, Accorde-nous de comprendre
> ses enseignements et de suivre ses exemples ».[271]

Par Jésus le Christ Notre Seigneur.

Toute la prière de l'Église est adressée à Dieu le Père par Jésus-Christ dans la communion du Saint Esprit. La célébration de la fête ou de la mémoire des saints n'est autre que célébrer leur participation à la Pâque du Christ. Voilà donc pourquoi l'Église a introduit dans le cycle annuel les mémoires des martyrs et des autres saints, car élevés à la perfection par la grâce de Dieu, et ayant obtenu possession du salut éternel, ils chantent dans le ciel une louange parfaite à Dieu, et ils intercèdent pour nous. Dans les anniversaires de leur naissance dans le ciel, l'Église proclame le mystère pascal en ces hommes et femmes qui ont suivi de tout prêt Jésus-Christ, même dans la souffrance et le martyr, et qui ont été glorifiés avec Lui. Et l'Église propose aux fidèles d'aujourd'hui leurs exemples qui les attirent au Père par le Christ dans l'Esprit Saint.[272] Célébrer le culte des saints, c'est entre autre exprimer notre croyance dans la parole du Seigneur qui nous appelle à être saints devant sa face. Nous célébrons la sainteté de Dieu dans ce qu'il a sanctifié. Car nous sommes appelés à louer Dieu dans ses Anges et dans ses saints.

Conclusion

Dans toutes les étapes de son existence, l'homme constitue un témoignage de la magnificence de Dieu. Il a fait de l'homme son représentant en le créant à son image et à sa ressemblance. La période comprise entre la transgression originelle et la Rédemption constitue une période de transition où, à cause du péché, l'homme a fait l'expérience de l'absence d'un Dieu qui lui est proche, mais distant en même temps, car le péché a régné dans son cœur et le prive de la gloire divine (*Rm* 3, 23). Il reste vrai que Dieu garde toujours fidélité à son dessein, et donc, il n'abandonne pas sa créature au pouvoir de l'ennemi, mais privé de l'esprit qui était en lui depuis la création, il perd son amitié avec Créateur. Tout comme dans la parabole du père miséricordieux

---

[271] Id., p. 494.
[272] Cf. CONCILE VATICAN II, *Sacrosanctum Concilium*, Op. Cit., N° 104.

(l'enfant prodigue) racontée dans le quinzième chapitre de l'Évangile de Luc. Dans ce passage, le père miséricordieux représente une image de Dieu qui, malgré son amour et sa bonté envers l'homme, le laisse libre de ses choix. Ainsi, l'homme fut créé libre et dans sa liberté, il choisit de prendre sa distance de son Créateur. Les deux cas, celui d'Adam et celui du fils prodigue montrent à l'humanité aujourd'hui que lorsque l'homme fait un choix en dehors de la volonté de Dieu, cela ne peut que le conduire à la perdition.

Pendant cette période de transition où l'homme se trouve loin de son Créateur, Dieu se fait entendre à travers des personnes qu'il choisit pour révéler son plan de salut pour l'humanité. À travers les multiples révélations et interventions de Dieu dans l'histoire, l'homme réussit à percevoir la présence de Dieu qui constitue pour lui un motif pour espérer être libéré du pouvoir du péché et de la mort. Au terme de cette période ténébreuse qui coïncide avec la plénitude des temps, le libérateur est arrivé (*Gal* 4, 4). La compassion de Dieu est manifestée et l'homme devient à nouveau une image de Dieu. Il redevient ce qu'il était avant et peut désormais espérer en la réalisation du dessein pour lequel il a été créé. Tout comme à la création de l'homme sans la femme, Dieu constate sa solitude et juge qu'« il n'est pas bon que l'homme soit seul », ainsi, cette expression trouve son accomplissement lorsque l'homme se retrouve privé de la grâce de Dieu. Ainsi, comme il avait comblé son vide par la création de la femme, il comble aussi ce vide spirituel de l'homme par le don de son Fils unique.

Les deux vides sont comblés de manières bien différentes, tant qu'ils sont différents l'un de l'autre. L'absence de la femme aux côtés d'Adam constitue un vide anthropo-sociologique. Tandis que celui que le péché a engendré est de nature spirituelle et divine. Ainsi, à l'initiative du Créateur, les deux vides ont été comblés par des moyens qui leur sont appropriés bien que différents dans leur nature. En effet, la femme par laquelle Dieu vient combler le premier vide de l'homme a son origine dans l'homme même « Voici cette fois celle qui est os de mes os et chair de ma chair » (*Gn* 2, 23). Ayant son origine dans l'homme qui vient de la poussière de la terre, la femme et toute la création avec elle ne peut regarder au-delà de son point d'origine auquel, elle est aussi destinée : « Ton désir se portera vers ton mari » (*Gn* 3, 16). Et le destin commun de l'homme et de la femme après le péché est la perdition. C'est pourquoi c'est la femme même qui conduit à l'homme à la chute.

Le second vide pour sa part, qui est spirituel, est comblé par celui qui est le motif du relèvement. Il était aussi nécessaire que celui qui vient combler le vide spirituel vienne de Celui qui est esprit (*Jn* 4, 24). En effet, l'homme étant déjà corrompu par le péché, rien de ce qui vient de lui ne pourrait être à la hauteur de contribuer à son relèvement. Si bien que celle qui vient de lui, *os de ses os et chair de sa chair* est tombée dans la tentation de l'ennemi. Donc pour le relever, il faut quelqu'un qui soit capable de résister aux tentations, bien qu'il n'en soit pas exempté. Que le désir de l'homme ne se porte plus vers son semblable, c'est-à-dire vers la terre, mais vers celui qui le relève du péché de la terre. C'est pourquoi, le désir de Dieu est inscrit dans son cœur[273] afin qu'il Le cherche et s'élève à la dignité de son être et qu'il trouve enfin le bonheur qu'il espère.

---

[273] Cf. CEC., Op. Cit., N° 27.

Au terme de cette réflexion sur les voies qui conduisent à la connaissance et à l'amour du Dieu-Père, l'itinéraire nous ramène à notre point de départ. Dieu a créé l'homme pour le faire participer à sa vie bienheureuse. Pour faire le parcours, Il l'appelle et l'aide à Le chercher, à Le connaître et à L'aimer.[274] De nouvelles interrogations surgissent dans la compréhension du mystère de la vie et de la vocation de l'homme à la béatitude. Notamment, dans la compréhension du mystère de la relation de l'homme avec le Christ.[275] L'homme est créé à l'image de Dieu, et tous les aspects de sa création l'identifient à son Créateur, comme : l'esprit, la liberté, l'intelligence, la perfection et sa capacité d'entrer en relation avec les autres. L'homme est donc créé tellement identique à son Créateur, au point de pouvoir l'identifier en lui, c'est-à-dire, quiconque regarde l'homme ne peut s'y arrêter, mais le regard se prolonge nécessairement jusqu'à Celui qui l'a créé avec tant de magnificences. La créature conduit alors au Créateur, non seulement pour reconnaître son existence, mais surtout pour reconnaître sa seigneurie en entrant en connaissance de son dessein pour l'homme qu'Il a créé.

Parce que l'homme a été créé à l'image de Dieu, il porte en lui certains attributs de son Créateur pour que l'image de Dieu se reflète en lui. En lui également se trouve réalisé l'enseignement de saint Paul qui montre que la création elle-même est en vue de la Rédemption, et que l'homme créé est l'image du futur Rédempteur : « Tout a été créé par lui et pour lui. Il est avant toutes choses et toutes choses subsistent en lui » (*Col* 1, 16). L'identification et la ressemblance de l'homme au Rédempteur a son premier point dans la place centrale qu'il occupe dans la création. Tout comme l'homme, étant le dernier de la création et y occupe la première place, ainsi, le Rédempteur est arrivé juste à la fin de l'histoire « lorsque les temps furent accomplis » (*Gal* 4, 4), et tout le mystère de la Rédemption tourne autour de Lui comme à Lui seul, Il est en même temps l'Autel, le Prêtre et la Victime.[276] Cela ne signifie pas que le

---

[274] Cf. CEC., Op. Cit., N° 1.
[275] « Credo », Symbole de Nicée-Constantinople
[276] Cf. MISSEL ROMAIN, *Préface du Temps pascal.*

mystère de la Rédemption exclut la participation trinitaire, car il est l'œuvre exclusive du Père, par le Fils dans l'Esprit Saint.

La deuxième image et ressemblance de l'homme de la création au Christ Rédempteur est la double nature à laquelle il a été créé. En effet, si l'homme, dans sa propre nature constitue un être à la fois spirituel et matériel, c'est en vue de refléter l'image de celui qui, en assumant la nature humaine, devient en même temps vrai Dieu et vrai Homme ; sans qu'ils y aient confusion de nature. Tout comme l'histoire de la Création dit que l'homme a été créé à l'image de Dieu, de Jésus, on dira plus tard qu'Il est l'image du Dieu invisible (*Col* 1, 15).[277] Si l'homme porte en lui des attributs qui l'identifient avec son Créateur, mettant en évidence son importance dans le plan de Dieu et sa vocation à participer de la vie divine, le Christ est venu dans le monde comme Fils du Père. Les attributs que l'homme partage avec le Rédempteur, tout comme l'esprit de Dieu qui est en lui dès la création veulent signifier que dès le début, l'homme est ordonné à la vocation filiale dans le Fils,[278] et il tend vers une fin surnaturelle. Avec la réalisation de sa vocation de fils de Dieu, l'homme redevient un ami de Dieu et par conséquent, pas capable de dialoguer avec Lui. Il est donc rendu capable de révéler Dieu aux autres, c'est-à-dire il peut le montrer à ceux qui ne Le connaissent pas, comme ce fut la mission du Christ.

2- La médiation du Christ, celle de l'Église et des autres

Le thème de la « médiation » est compris et enseigné de manière différente dans les diverses religions. Et même le christianisme reste encore aujourd'hui divisé autour du sens complet du mot. D'ailleurs, il constitue l'un des points de divergence entre le catholicisme et le protestantisme de tous les temps. Dans le monde protestant, on se limite exclusivement à ce que saint Paul enseigne de façon explicite dans ses lettres pastorales. En effet, le Christ, enseigne saint Paul, est « l'unique Médiateur entre Dieu et les hommes » (*1Tm* 2, 5 ; *Ph* 2, 6-7). Partant de ces passages de l'apôtre, pour le secteur protestant, il n'existe pas d'autres formes de médiation à part celle du Christ. En réalité, c'est une question qui touche l'universalité même de la médiation salvifique de Jésus, et la doctrine de l'Église enseigne la même chose, mais de manière ouverte en parlant de : « Médiation et médiations ». C'est-à-dire, de la même

---

[277] Cf. CONCILE VATICAN II, *Gaudium et Spes*, Op. Cit., N° 22.
[278] Cf. Ibid.

manière que tous les baptisés sont devenus « fils dans le Fils » et sont devenus participants de la mission salvifique du Christ, ainsi, l'Église reconnaît et enseigne que l'Unique Médiation du Christ n'exclut pas la participation de l'Église et de tous ceux que le Christ Lui-même appelle au contraire, à collaborer avec Lui.[279] Si bien que saint Paul lui-même enseigne que nous sommes des collaborateurs de Dieu dans l'œuvre du salut (*1Cor* 3, 9).

Parlant des « médiations dans la Médiation », l'Église utilise le thème de la « médiation participative » pour indiquer avec l'apôtre Paul que seul le Christ est le Médiateur entre Dieu et les hommes (*1Tm* 2, 5). Et l'expression « médiation participative » sert à indiquer que la médiation du Christ n'exclut pas le concours de médiations de types et d'ordres différents.[280] En effet, seul le Christ a été envoyé dans le monde comme le véritable Médiateur entre Dieu et les hommes.[281] La recherche d'une meilleure compréhension du rapport existant entre les deux types de médiation ne saurait les comparer comme si elles étaient deux exercices parallèles ou égaux. En effet, selon la foi de l'Église illuminée par l'enseignement de l'apôtre, Jésus-Christ est « Médiateur » entre Dieu et les hommes[282] par le fait qu'il unit en sa personne les deux extrêmes entre lesquels il est Médiateur, la divinité et l'humanité, de telle sorte qu'en Lui, elles soient unies définitivement.[283] La médiation doit être comprise comme une activité propre de Jésus dans l'économie du salut. Cette activité est exercée en faveur des deux extrêmes, d'abord en faveur de l'homme qui ne peut se sauver par ses propres forces, et donc a besoin de la force du Médiateur. Également en faveur du Créateur, car Dieu ne veut perdre aucun des siens, Il veut que tous les hommes soient sauvés et parviennent à la connaissance de la vérité (*1Tm* 2, 4).

Jésus-Christ est venu sur la terre en tant que Fils de Dieu pour faire des fils des hommes des fils de Dieu, par-là, Il les a rendus participants de sa vie divine et de sa mission salvifique auprès des hommes. Une expression chère aux Pères de l'Église résume cette mission du mystère de l'Incarnation : « Le

---

[279] Cf. CEC., Op. Cit., N° 65.

[280] Cf. JEAN PAUL II, *Redemptoris Missio*, Op. Cit., N° 5.

[281] Cf. CONCILE VATICAN II, *Ad Gentes*, Décret sur « l'activité missionnaire de l'Église », du 4 décembre 19865, N° 3, dans *AAS* 58 (1966), pp. 947-990.

[282] Cf. JEAN PAUL II, *Redemptoris Mater*, Op. Cit., nn. 38-41.

[283] Cf. DUPUIS, JACQUES, *La rencontre du christianisme et des religions, De l'affrontement au dialogue*, Cerf, Paris 2002, p. 261.

Christ s'est humanisé pour que l'homme soit divinisé ». Du livre de la Genèse
à l'Apocalypse, il ne manque pas de versets qui mettent en évidence des
rapports de médiation entre Dieu et son peuple. Pour l'Ancienne Alliance en
effet, Moïse est connu comme le médiateur par la voix de qui Dieu entre en
communication avec son peuple. Il parle à Moïse pour le peuple, et Moïse lui
parle au nom du peuple.[284] Dans le Nouveau Testament, Jésus vient comme
celui de qui Moïse était l'image. Il est dit en fait, le Nouveau Moïse. Si Moïse
était le médiateur d'une loi écrite sur des pierres, Jésus est le Médiateur parfait
de la Nouvelle Loi d'amour inscrite dans le cœur de l'homme et dans laquelle
la première trouve sa perfection et son entière réalisation. Si Jésus Lui-même a
affirmé n'être pas venu pour abolir ce qui était avant, mais pour l'accomplir, il
ne saurait non plus abolir la participation de ses semblables à sa réalisation ;
mais au contraire, au cours de son ministère public, il a encore montré le sens
de la participation de ses partisans à sa mission pour laquelle, il les a lui-même
appelés.

Les différentes images de l'Église que nous avons analysées au cours de
cette réflexion ont montré les sens de sa participation au côté du Christ comme
médiatrice du salut. Sa médiation trouve son plein sens en tant qu'elle est
l'assemblée des disciples du Christ. En effet, au cours de sa mission, le Christ
a rendu chacun de ses appelés, missionnaires du Royaume qu'Il est venu
annoncer et auquel il s'identifie. Si le Christ a rendu les disciples ses
collaborateurs dans la mission, ce n'est qu'en tant qu'Église qu'ils exercent leur
mission. C'est à l'Église en tant que Corps que le Christ confie sa doctrine. On
est disciple du Christ en tant que membre de son Corps jusqu'à ce qu'à son
retour. En tant que médiatrice du salut dans la Médiation du Christ, l'Église en
tant que communauté des justes, constitue de la même manière un itinéraire
certain vers la connaissance du Père. Sa médiation n'est certainement pas
parallèle à celle du Christ, mais elle en dépend et elle y tire son sens et sa
valeur.[285] La médiation de l'Église subsiste parce que le Christ Lui-même l'a
voulue et il l'a fondée.

---

[284] Cf. PAOLO DE BENEDETTI, *Mose* dans ANTONIO M., BOZZONE, *Dizionario ecclesiastico* (Dir.), ANGELO, MERCATI
– AUGUSTO, PELZER, Op. Cit., Vol. II, p. 1072.
[285] Cf. JEAN PAUL II, *Redemptoris Missio*, Op. Cit., N° 7.

Le Christ est venu comme Médiateur de la réconciliation,[286] car le péché avait divisé l'homme de son Dieu et il avait perdu son amitié. Pour retrouver cette amitié perdue à cause du péché, un médiateur était nécessaire et le Christ l'était. Mais au terme de sa mission et avant de quitter ce monde, il a constitué ses apôtres ministres de la réconciliation. Après sa Résurrection en effet, il apparut à ses partisans réunis au cénacle, et après qu'il leur a donné l'Esprit Saint, il leur confie le ministère de la réconciliation en disant de la façon la plus explicite : « Ceux à qui vous pardonnerez les péchés, ils leur seront pardonnés, et ceux à qui vous les retiendrez, ils leur seront retenus » (*Jn* 20, 22-23). Et lorsque saint Paul veut expliquer ce qu'a fait Jésus, il dit : « Tout cela vient de Dieu, qui nous a réconciliés avec lui par le Christ, et qui nous a confié le ministère de la réconciliation » (*2Cor* 5, 18). Le Christ n'étant plus dans ce monde, il a institué ses disciples pour qu'ils prolongent sa mission de réconciliateur, et donc d'être les médiateurs de la réconciliation entre Dieu et la race humaine, grâce à l'Esprit Saint qu'il leur a donné. †††

---

[286] Cf. SETTIMIO CIPRIANI, *Mediazione* dans ANTONIO M., BOZZONE, *Dizionario ecclesiastico* (Dir.), ANGELO, MERCATI – AUGUSTO, PELZER, Op. Cit., Vol. II, p. 915.

I want morebooks!

Buy your books fast and straightforward online - at one of world's fastest growing online book stores! Environmentally sound due to Print-on-Demand technologies.

Buy your books online at
www.morebooks.shop

Achetez vos livres en ligne, vite et bien, sur l'une des librairies en ligne les plus performantes au monde!
En protégeant nos ressources et notre environnement grâce à l'impression à la demande.

La librairie en ligne pour acheter plus vite
www.morebooks.shop

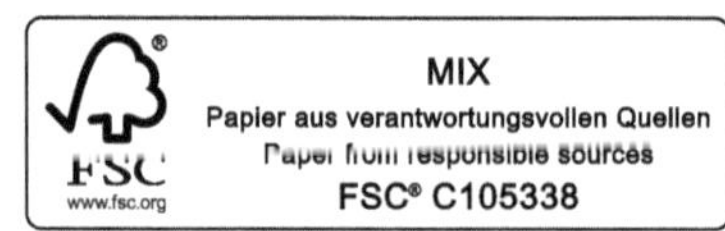

Printed by Books on Demand GmbH, Norderstedt / Germany